Alle großen Leute sind einmal Kinder
gewesen, aber nur wenige erinnern sich heute
noch daran
(Antoine de Saint-Exupéry)

Regina Lahner

Meditationen mit Klangschalen für Kinder
leicht gemacht

Kindgerechte Texte die Entspannung, Vertrauen, Mut und Geborgenheit schenken

Umschlaggestaltung: Friedrich G. M. Roedig

Foto von Regina Lahner: Marisa Giannino, Foto Frenzel, Ulm

Bildquellen: Eigene, stock.xchng® vi www.sxc.hu, freepik.com chandlervid85, Pixabay Alexas_Fotos

Lektorin: Senta Konopke

Bibliografische Information der Deutschen Nationalbibliothek
Deutsche Erstausgabe

ISBN: 978-3-7597-9388-1

1. Auflage 2024   © 2024 Regina Lahner

Verlag: BoD • Books on Demand GmbH, In de Tarpen 42, 22848 Norderstedt
Druck: Libri Plureos GmbH, Friedensallee 273, 22763 Hamburg

Über die Autorin: Regina Lahner wurde 1965 in Mönchengladbach geboren und hat zwei erwachsene Kinder. Sie lebt seit ihrem zweiten Lebensjahr im Allgäu und beschäftigte sich schon sehr früh mit Naturheilkunde und gesundheitlichen Themen. Im Jahr 2000 absolvierte sie eine einjährige Ausbildung zur Bachblüten-Beraterin und arbeitete im Anschluss daran selbständig in den Bereichen Beratung, Ausbildung, Seminar- und Kursleitung. Seit 2005 bietet sie ein zehnmonatiges Fernstudium zum Bachblütenberater an. Im selben Jahr absolvierte sie ihre Ausbildung „Tibetische-Klangschalen-Massage" an der Sebastian-Kneipp-Schule in Bad Wörishofen. Als Referentin und Kursleiterin in den Bereichen Bachblüten (Vorträge, Workshops) und Klangschalen (Kurse, Workshops, Meditation) war Frau Lahner lange Jahre bei zahlreichen südbayrischen Volkshochschulen tätig.

Bereits seit 2008 bildet Frau Lahner interessierte Personen in ihren Intensivseminaren in der praktischen Anwendung von Klangschalen aus. Seit der Corona-Pandemie ist diese Ausbildung nun auch als innovative und praxisorientierte *Fernausbildung: „Massage, Meditation und Entspannung mit Klangschalen"* erhältlich.

Ausführlichere Informationen dazu erhalten Sie im Internet auf der Seite www.bluetenberatung.de

Inhaltsverzeichnis

Vorwort und Einführung

Liebe Eltern, Erzieher:innen, und Pädagogen,
in einer Welt die immer lauter und hektischer wird, ist es für unsere Kinder von unschätzbarem Wert, ihnen regelmäßig einen sicheren Raum der Entspannung, Ruhe und der inneren Balance anzubieten. Die tägliche Flut von Reizen und Anforderungen, die bereits die Kleinsten unter uns erleben, macht es inzwischen leider notwendig, ihnen schon frühzeitig die richtigen Werkzeuge an die Hand zu geben, mit denen sie lernen zur Ruhe zu kommen, um innere Stärke zu entwickeln.

Dieses Buch ist ein liebevoll gestalteter Begleiter für genau solche Momente der Stille und Achtsamkeit. Es führt die Kinder auf sanfte, spielerische Weise in die Welt der Meditation und Entspannung ein und nutzt dabei die kraftvollen und beruhigenden Klänge der Klangschalen. Diese klingenden Schalen gelten in Asien bereits seit Jahrhunderten als ein bewährtes Hilfsmittel, um Körper, Geist und Seele in Einklang zu bringen. Ihre sanften Klänge und ihre feinen Schwingungen wirken sehr beruhigend und fördern gleichzeitig die Konzentration - eine Eigenschaft, die bereits ab dem Kindesalter von unschätzbar großem Nutzen für das weitere Leben sein wird.

Die Meditationstexte in diesem Buch sind speziell für Kinder der Altersgruppe zwischen 4 und 12 Jahren entwickelt worden. Sie sind einfach gehalten, damit auch die Kleinsten sie leicht verstehen und sich mit den Geschichten und Bildern identifizieren können.

Jede Meditation lädt die Kinder ein, sich auf eine innere Reise zu begeben - sei es zu einem geheimnisvollen Garten, einem stillen See oder in die Weiten des Himmels. Alle Texte können von Ihnen, oder auch von den Kindern selbst aktiv, mit den beruhigenden Klängen der Klangschalen begleitet werden. Die Schalen dienen dabei als sanfte Verstärker und erleichtern den Kindern den Übergang in eine tiefe Entspannung. Alle im Text vorhandene Namen, Personen, Tiere... können von Ihnen auch selbst personalisiert, und verändert vorgelesen werden.

Als Klangschale eignet sich für kleinere Kinder ab 4 Jahren am besten eine *Herzschale*, die zwischen 500-600g wiegen sollte.
Größeren Kindern kann man eine *Universalschale* (900-1100g) zur Verfügung stellen, die auch als *Gelenkschale* bezeichnet wird.

Sie sollten für die Anwendung an Kindern immer nur hochwertige, handgearbeitete Klangschalen in Therapiequalität verwenden, die meist noch in kleinen Familienbetrieben, und nicht industriell in Fabriken hergestellt werden. Der Preis einer solchen Schale bewegt sich, je nach Größe und Gewicht, zwischen 50€ und 120€.

Meditation mit Kindern - was bedeutet das?

Viele verbinden Meditation mit Stille, einer gewissen Abgeschiedenheit und oft auch mit etwas, das eigentlich eher den Erwachsenen vorbehalten ist. Doch gerade Kinder sind von Natur aus Meister der Achtsamkeit. Sie leben im Hier und Jetzt, gehen voller Neugier durch die Welt und lassen sich ganz in ihre Spiel- und Fantasiewelten fallen. Meditation kann für sie daher eine wunderbare Möglichkeit sein, diese natürlichen Fähigkeiten zu stärken und zu verfeinern.

Dieses Buch möchte Kindern auf spielerische Weise den Zugang zur Meditation und Entspannung ermöglichen. Die Kombination aus kindgerechten Texten und den beruhigenden Klängen der Klangschalen schafft einen Rahmen, in dem sich die Kinder entspannen können und gleichzeitig lernen, ihre Gedanken und Emotionen selbst zu ordnen und ihre innere Welt zu entdecken. Die Klangschalen dienen dabei nicht nur als musikalische Untermalung, sondern bilden das zentrale Element, das die Kinder dann auf ihrer ganzen inneren Reise begleitet. Die feinen Schwingungen und der Klang der Schalen haben eine beruhigende Wirkung und helfen den Kindern, dass sie sich besser konzentrieren und leichter in die Meditation hineinfinden können.

Die Texte in diesem Buch sind so gestaltet, dass sie sowohl zu Hause, als auch in Gruppen, (zum Beispiel im Kindergarten oder in der Schule) eingesetzt werden können. Sie sind bewusst relativ kurz gehalten, um dem kindlichen Interesse und der zeitlich noch begrenzten Aufmerksamkeitsspanne gerecht zu werden. Dennoch bieten sie genug Raum für die Erfahrung von tiefer Entspannung und gesteigerter Achtsamkeit.

11

Die Anwendung der Klangschalen ist recht einfach und kann auch ganz intuitiv stattfinden. Bereits ein einziger Anschlag kann auf die Kinder eine so große Faszination ausstrahlen, dass er fast schon kleinere „Wunder" bewirken kann. Die Kinder spüren schnell, wie der Klang sie rasch in eine Welt der Ruhe und Geborgenheit führen kann. Meiner Erfahrung nach profitieren gerade diejenigen Kinder, die weitläufig als „wild", hyperaktiv oder unkonzentriert gelten, (oft auch an ADS oder ADHS leiden) am meisten von den schwingenden Schalen.

Ich lade Sie nun herzlich ein, gemeinsam mit dem Kind, oder auch mehreren Kindern, diese besonderen, inneren Reisen anzutreten. Nehmen Sie sich Zeit, um gemeinsam diese Momente der Stille genießen zu können und dabei die tiefen, beruhigenden Klänge der Klangschalen auf sich einwirken zu lassen. Entdecken Sie zusammen die großen Schätze, die in Meditation, Achtsamkeit und in der tiefen Entspannung verborgen liegen - Schätze, die das Kind (und auch Sie) ein Leben lang begleiten können.

In diesem Sinne wünsche ich Ihnen und allen Kindern viel Freude und entspannte Momente mit diesem Buch.

Herzlichst, Ihre
Regina Lahner

Nun folgen noch ein paar praktische Tipps und Hinweise:

Die Einführung der Kinder im Alter von 4 bis 12 Jahren in die Welt der Klangschalen, kann fast schon zu einer „magischen" Erfahrung werden. Sorgen Sie daher für eine ruhige und entspannte Atmosphäre, bevor Sie das Kind erstmalig mit der Klangschale bekannt machen.

Lassen Sie dem Kind ausreichend Zeit, in der es die Klangschale selbst erforschen und entdecken kann. Es sollte dazu mit der Schale frei experimentieren und spielen können. Stellen Sie ihm dazu verschiedene Gegenstände zur Verfügung, mit dem es die Klangschale dann „anschlagen" darf. Keine Angst, wenn Sie dem Kind erklären, dass die Schale ganz vorsichtig behandelt werden muss, damit sie keinen Schaden nimmt, klappt das in der Regel ganz gut. Bei kleineren Kindern empfiehlt es sich, zum zusätzlichen Schutz der Klangschale, eine große Decke als Unterlage zu verwenden. Geben Sie einem kleinen Kind nur einen Klöppel mit einem weichen Filzkopf, den es gut händeln kann. Größere Kinder können auch einen lederummantelten Holzklöppel, Schneebesen, Kochlöffel, etc. daran ausprobieren.

Anschließend können Sie mit dem Kind zusammen noch einige konkrete Anleitungen ausführen, um es auf spielerische Weise mit den Klangschalen vertraut zu machen.

Erste Begegnung: Den Klang entdecken

- Setzen Sie sich mit dem Kind auf den Boden und stellen Sie die Klangschale zwischen sich auf. Lassen Sie das Kind die Schale sanft mit den Händen berühren und fühlen, wie glatt oder rau die Oberfläche ist.

- Schlagen Sie die Klangschale jetzt parallel zur Schale, unter dem oberen Rand, im oberen Drittel, vorsichtig und sanft von außen mit einem Filzklöppel an.

- Lassen Sie das Kind den Klang hören. Bitten Sie es, die Augen zu schließen und sich ganz auf den Ton zu konzentrieren.

- Anschließend soll das Kind die Hand heben, sobald es den Klang der angeschlagenen Schale nicht mehr hört. Dies hilft den Kindern ihre ganze Aufmerksamkeit auf den Ton zu richten und sich vollkommen darauf zu konzentrieren.

- Zeigen Sie dem Kind nun, wie es die Klangschale selbst anschlagen kann. Lassen Sie es den Unterschied zwischen einem sanften und einem kräftigeren Anschlag erleben.

- Danach können Sie die Klangschale auf unterschiedliche Körperstellen des Kindes aufstellen (zum Beispiel auf die Handfläche, das Knie oder den Bauch), damit es die

Schwingungen der Schale in seinem Körper spüren kann.

- Bitten Sie das Kind nun seine Augen zu schließen um zu erraten, wo es die Vibrationen der Klangschale auf seinem Körper fühlt. Dies kann seine Körperwahrnehmung schulen und die Achtsamkeit stärken.

- Nach einer Klangmeditation, bei der das Kind den Klang der Schale genießen darf, geben Sie ihm Papier und Stifte. Bitten Sie das Kind, alles, was es beim Hören gefühlt oder sich vorgestellt hat, auf das Papier zu malen.

- Das Kind erklärt Ihnen anschließend, was es gemalt hat. Dies fördert die Kreativität und die Kommunikation und hilft, Klang und Gefühle miteinander zu verbinden.

- Schagen Sie die Schale an und erfinden Sie gemeinsam mit dem Kind eine kleine Geschichte, in der die Klangschale eine wichtige Rolle spielt. Vielleicht ist sie ein magischer Gegenstand, der auf Reisen geht und verschiedene Orte besucht?

- Nun darf das Kind die Klangschale selbst anschlagen und, während der Ton erklingt, erzählt es Ihnen, was die Schale auf ihrer Reise alles erlebt hat (z.B. im Garten, im Ozean, bei der Begegnung mit Tieren usw.). Dies fördert die Fantasie des Kindes und schafft eine ganz besonders entspannende Atmosphäre.

- Bilden Sie mit ein paar Kindern einen kleinen Kreis (z.B. bei einer Geburtstagsfeier). Geben Sie einem der Kinder dann die Klangschale in die Hand. Dieses Kind darf die Schale nun anschlagen und sie dann schwingend an das nächste Kind weiterreichen, wobei jedes Kind die Klangschale anschließend erneut anschlägt, bevor es sie wieder weitergibt. Das Ziel dieser Übung ist, die Schale so weiterzugeben, dass der dabei Klang nicht abbricht. Dies erfordert einiges an Achtsamkeit und Konzentration und fördert auch die Gruppendynamik.

- Führen Sie die Kinder langsam in eine kurze Meditation ein. Bitten Sie sie, sich bequem hinzulegen oder sich gemütlich hinzusetzen. Schlagen Sie die Klangschale dann an und führen Sie die Kinder mit monotoner und sanfter Stimme durch eine der Fantasiereisen dieses Buches.

- Die Kinder können sich nach der Meditation gegenseitig erzählen, was sie auf ihrer inneren Reise gesehen oder erlebt haben. Dies fördert die Kommunikation und gibt ihnen auch die Möglichkeit, über ihre inneren Welten und Gefühle zu reden.

Wichtige Hinweise:

Achten Sie beim Anschlagen immer darauf, dass die Klänge nicht zu laut oder zu plötzlich sind, um die empfindlichen Ohren der Kinder nicht zu erschrecken!

Jedes Kind reagiert unterschiedlich auf die Klänge. Beobachten Sie die Reaktionen und passen Sie die Intensität und Dauer der Klangerfahrungen daran an.

Kinder sollten stets die Freiheit haben, selbst zu entscheiden, wie intensiv sie sich auf die Klänge einlassen möchten. Es ist wichtig, dass sie sich jederzeit wohlfühlen und Spaß haben.

In bestimmten Fällen *könnten* sich die Schwingungen der Klangschalen auch negativ auf den Einzelnen auswirken. Falls das Kind oder Sie als Elternteil (oder Anwender) an Herzproblemen leiden wäre es gut, wenn Sie vorher einen Arzt um Erlaubnis bitten, bevor Sie Klangschalen direkt auf dem Körper anwenden. Einer Schwangeren empfehle ich ebenfalls, sich selbst keine Klangschale aufzustellen, da die Schwingungen unter ungünstigen Umständen die Wehentätigkeit anregen *könnten*. Das Hören der Töne *neben* dem Körper oder auf dem Körper des Kindes, sollte in beiden Fällen jedoch kein Problem darstellen.

Vielleicht bietet sich Ihnen als Erzieher oder Lehrer auch die Möglichkeit, Klangschalen bei „fremden" Kindern anzuwenden und Sie möchten diese dann auch auf die Körper der Kinder aufstellen? Dazu sollten Sie jedoch unbedingt ein gewisses Grundwissen zum Thema Klangschalen besitzen. Hierfür kann ich Ihnen mein Standardwerk für Einsteiger: *„Klangschalenmassage leicht gemacht"* wärmstens ans Herz legen. In diesem Buch erkläre ich Ihnen die Basics und erläutere viele weitere Anwendungsmöglichkeiten, unter anderem auch, wie Sie eine komplette Klangschalen-Massage für Ihre Familie oder Freunde durchführen können.

Damit Sie es bei der Anwendung der Entspannungen, Meditationen und Fantasiereisen so einfach wie möglich haben, sind in den folgenden Texten immer größere oder kleinere Leerzeilen vorhanden. Diese visuellen Abstände entsprechen den von Ihnen einzuhaltenden längeren oder kürzeren Sprechpausen, in denen Sie (oder das Kind) dann nur noch die Klangschalen anklingen lassen.

WICHTIG:
Auch bei naturheilkundlichen Anwendungen kann es gewisse Kontraindikationen geben und es kann, unter ungünstigen Umständen, sogar zu unerwünschten Reaktionen oder Nebenwirkungen kommen. Da die Schwingungen der Klangschalen den ganzen Körper durchdringen, sollten Sie über eventuell! mögliche Kontraindikationen der Schwingungen auch bescheid wissen. Besonders bei Herzproblemen oder bei einer Schwangerschaft sollte keine Klangschale direkt auf den Körper aufgestellt, und dort angeschlagen werden!

Wie immer dürfen Sie im privaten Bereich alle meine Texte uneingeschränkt verwenden. Gerne können Sie die Meditationstexte auch in Ihren Kursen und bei Events etc. vor Publikum vortragen. Bleiben Sie aber fair! Ich bitte Sie bei einer kommerziellen Nutzung daher immer um den nötigen Hinweis auf mich als rechtmäßige Autorin! Bei jeglicher Verwendung in gedruckter Form erwarte ich bereits im Voraus Ihre Kontaktaufnahme bezüglich einer schriftlichen Genehmigung. (Urheberrecht!)

Ich wünsche Ihnen und allen Kindern nun viel Spaß beim Entspannen, Spielen und Ausprobieren!

Zur Beachtung:
Die in den nachfolgenden Meditationstexten enthaltenen Leerzeilen entsprechen immer den einzuhaltenden Sprechpausen, in der dann eine (oder auch mehrere Klangschalen) angeschlagen werden!

Lassen Sie die Schale dann nahezu ganz ausklingen, bevor Sie sie erneut anschlagen. Vermeiden Sie unbedingt hektisches Vorgehen!

Geführte Klangschalen-Meditation für Kinder

Hallo! Heute gehen wir auf eine ganz besondere Reise die uns helfen wird, dass wir uns entspannen und wohlfühlen können.
Dafür nutzen wir die Klangschalen.
Diese besonderen Metallschalen machen wundervolle Töne, die uns ganz ruhig und glücklich machen können.

Mache es dir jetzt ganz bequem, setze oder lege dich gemütlich hin, und schließe dann deine Augen.

(Schlagen Sie die Klangschale immer dann, wenn im Text Leerzeilen vorhanden sind, sanft an und lassen Sie den Ton fast ausklingen, bevor Sie sie erneut anschlagen)

Wir beginnen nun mit einem tiefen Atemzug.
Atme jetzt tief durch die Nase ein, -
und durch den Mund wieder aus.
Noch einmal: tief einatmen, -
und ausatmen.

Fühle, wie dein Körper bei jedem Atemzug immer leichter und ruhiger wird.

Jetzt werde ich die Klangschale nochmal für dich anschlagen.

Lausche dem Ton ganz aufmerksam.

Er ist wie eine kleine Welle, die immer leiser wird, bis sie wieder ganz verschwindet.

Jedes Mal, wenn du die Klangschale hörst, stellst du dir vor, wie dein Körper leicht wie eine Feder wird, die nach oben in die Luft schwebt.

Nun stellst du dir vor, dass der Ton der Klangschale durch deinen ganzen Körper wandert.

Zuerst geht er in deine Füße.
Deine Füße werden ganz warm und entspannt.

Dann wandert er in deine Beine...

bis hinauf zu deinen Knien...

Alles fühlt sich jetzt ganz leicht und locker an.

Der Ton geht nun weiter in deinen Bauch...

in deine Brust...

und bis hoch zu deinen Schultern.

Deine Schultern werden ganz weich und fallen locker und weich nach unten.

Jetzt wandert der Klang weiter in deine Arme...

deine Hände...

und schließlich in deinen Kopf.

Dein ganzer Körper fühlt sich nun ganz leicht an, fast
wie ein kleines, weiches Wolkenkissen.

Jetzt lade ich dich ein, dir einen schönen Ort
vorzustellen.

Vielleicht ist es ein Strand mit warmem Sand unter
deinen Füßen,
ein Garten mit vielen großen Bäumen,
oder eine bunte Blumenwiese?

Wo auch immer du dich in diesem Moment
wohlfühlen möchtest, dieser Ort gehört nur dir.

Stelle dir nun vor, dass der Klang der Klangschale
dich an diesen Ort begleitet.

Lausche noch einmal den zauberhaften Tönen, und
lasse dich von ihnen an deinen Ort tragen.

Wie sieht es dort aus?

Was gibt es für Farben?

Was kannst du alles riechen?

Stelle dir deinen Ort jetzt so genau wie möglich vor.

Bald wird es Zeit, langsam wieder zurückzukommen.

Du bleibst noch ganz ruhig, aber du stellst dir jetzt
vor, wie du von deinem schönen Ort zurück in den
Raum gehst, in dem du dich gerade befindest.

Du fühlst dich entspannt und glücklich.

Nimm noch einen tiefen Atemzug,
und öffne ganz langsam deine Augen,
wenn du wieder dazu bereit bist.

Du kannst die Ruhe und das Glücksgefühl,
dass du jetzt in dir hast, noch den ganzen Tag bei dir
tragen.

Prima, das hast du richtig gut gemacht!

Jedes Mal, wenn du dich beruhigen oder entspannen
möchtest, kannst du dazu wieder in Gedanken an
deinen Ort gehen und an den wunderschönen Klang
der Klangschalen denken.

Du kannst dann in dir spüren, wie gut sich das
angefühlt hat.

Mias zauberhafte Reise mit Isabella, die Elfe der Ruhe

Es war einmal ein kleines Mädchen namens Mia, das in einem schönen Dorf lebte. Mia war voller Neugier und Abenteuerlust, aber manchmal fühlte sie sich auch ein wenig unruhig oder traurig. Eines Abends, als Mia ins Bett ging, passierte etwas ganz Besonderes.

Setze oder lege dich nun bequem hin, schließe deine Augen und gehe mit mir auf diese zauberhafte Reise.

Als Mia an diesem Abend die Augen schloss, hörte sie plötzlich ein leises, fröhliches Klingen, wie von winzigen Glöckchen.

Als sie die Augen wieder öffnete, stand eine wunderschöne, kleine Elfe vor ihr.

Die Elfe hatte zarte, schimmernde Flügel und ein Kleid, das aus den Farben des Regenbogens gewoben zu sein schien.

„Hallo Mia", sagte die Elfe mit einer sanften Stimme. „Ich bin Isabella, die Elfe der Ruhe.
Ich bin hier um dir zu helfen, immer dann, wenn du dich traurig, unruhig oder ängstlich fühlst."

Mia konnte es kaum glauben, aber die Elfe strahlte so viel Wärme und Geborgenheit aus, dass sie sich in ihrer Nähe sofort sehr wohl fühlte.

„Du kannst mir vertrauen, Mia", sagte Isabella, „ich zeige dir jetzt einen Ort an den du immer gehen kannst, wenn du Ruhe brauchst."

Isabella nahm Mia an der Hand, schwang Ihren Zauberstab, und plötzlich flogen sie gemeinsam durch den Nachthimmel.

Die Sterne leuchteten und funkelten, und Mia fühlte sich plötzlich ganz leicht.
Ihr war so, als ob dabei alle Sorgen und Ängste einfach von ihr abfielen.

Sie flogen über Wälder und Wiesen, bis sie an einen wunderschönen, geheimen Ort ankamen:
an verwunschenes ein Tal, das in sanftes Mondlicht getaucht war.

In der Mitte des Tals befand sich ein zauberhafter Garten. Überall wuchsen Blumen in den schönsten Farben, und der Duft der Blüten war so süß und beruhigend, dass Mia ein paar Mal ganz tief einatmen musste.

In der Mitte des Gartens stand ein uralter Baum mit großen, herabhängenden Ästen.

Unter dem Baum sprudelte eine Quelle, deren Wasser
in einem kleinen Teich floss.

„Dies ist der Garten der Ruhe", erklärte Isabella.
„Hier kannst du immer herkommen,
wenn du dich entspannen möchtest,
traurig bist,
oder neue Kraft brauchst."

Mia setzte sich auf das weiche Gras und lauschte dem
sanften Plätschern des Wassers.

Ein leichter Wind wehte durch die Blätter der Bäume,
und Mia fühlte sich vollkommen sicher und geborgen.

Isabella setzte sich neben sie und legte eine Hand auf
Mias Schulter. „Wann immer du mich brauchst, Mia,
werde ich an deiner Seite sein. Schließe einfach deine
Augen und denke an mich, dann werde ich dir wieder
erscheinen."

Isabella zeigte Mia, wie sie sich entspannen konnte,
wann immer sie wollte.

„Atme tief ein", sagte die Elfe, „und stelle dir vor,
dass die Luft, die du einatmest, wie ein goldenes Licht
ist, dass deinen ganzen Körper durchflutet und sich
überall in dir ausbreitet.

Das goldene Licht schenkt dir Ruhe und Kraft."
Mia tat, wie Isabella sagte, und fühlte, wie sich ihr
Körper mit jedem Atemzug immer leichter und
entspannter anfühlte.

„Und wenn du ausatmest", fuhr Isabella fort, „stellst
du dir vor, dass sich alle Sorgen und Ängste wie
dunkle Wolken am Himmel auflösen, die ein kräftiger
Wind fortbläst."

Mia atmete langsam aus und spürte, wie ihre
Gedanken klarer und ihr Inneres ruhiger wurden.
Der Garten der Ruhe und Isabellas Nähe gaben ihr
ein Gefühl von Sicherheit, wie sie es noch nie zuvor
gespürt hatte.

Schließlich wurde es Zeit für Mia, wieder in ihr
Zimmer zurückkehren.

Die Elfe führte Mia zurück durch den Garten, vorbei
an den leuchtenden Sternen, bis sie wieder zu Hause
ankamen.

Mia kletterte zufrieden in ihr Bett und kuschelte sich
glücklich in ihre Decke.

„Danke liebe Isabella", sagte sie leise.
„Ich fühle mich jetzt wirklich schon viel ruhiger."

Isabella lächelte und sagte: „Vergiss nicht, Mia, ich
bin immer in deiner Nähe.

Der Garten der Ruhe ist nun tief in deinem Herzen,
und du kannst jederzeit wieder dorthin zurückreisen.
Ich begleite dich dabei gerne, wenn du mich
brauchst."

Mit diesen Worten verschwand Isabella und Mia
schloss zufrieden ihre Augen. Sie wusste, dass die Elfe
der Ruhe nun immer ganz in ihrer Nähe sein wird.

Denke noch ein wenig über diese Geschichte nach,
und öffne dann wieder deine Augen.

Wenn du dich das nächste Mal unruhig oder traurig
fühlst, denke einfach an Mia und Isabella, die Elfe der
Ruhe.

Schließe dann deine Augen,
atme ein paar Mal tief ein und aus,
und stelle dir dann vor, dass Isabella jetzt auch ganz
in deiner Nähe ist.

Du wirst sehen, dass du dich dann schnell wieder
ruhig, sicher und geborgen fühlst.

Der Hund Noki und die Angst vor der Schule (oder dem Kindergarten)

Setze oder lege dich jetzt an einen gemütlichen Platz, schließe deine Augen und atme dann einige Male tief in deinen Bauch ein, - und aus.

Lasse dich jetzt auf diesen Moment der Ruhe ein.

Heute nehmen wir einen kleinen Hund auf diese innere Reise mit. Er hilft uns dabei, dass wir unsere kleinen und großen Ängste (z.B. vor der Schule oder dem Kindergarten) besiegen können.

Stelle dir nun vor, dass du in einem schönen Park bist. Die Sonne scheint und die Vögel singen fröhliche Lieder.

Neben dir sitzt ein kleiner, freundlicher Hund. Er hat ein weiches, braunes Fell und einen fröhlichen Blick.

Der Hund schaut dich an und sagt:
"Hallo! Ich heiße Noki. Ich bin hier her gekommen, um dir zu helfen!"

Du lächelst und streichelst Noki dankbar über den Kopf und das weiche Fell.
Du spürst, wie dein Herz dabei sofort ganz ruhig wird.

Jetzt erzählt dir Noki, was in der Schule (oder im Kindergarten) dort auf dich wartet.

Noki sagt: "An diesem Ort warten neue Freunde auf dich, mit denen du ganz toll spielen kannst.
Es gibt dort auch viele neue und spannende Dinge zu erfahren und zu lernen!"

Du stellst dir jetzt vor, wie du mit deinen neuen Freunden spielst und lernst. Du fühlst dich dabei ganz sicher und bist glücklich.

Noki springt dabei fröhlich und aufgeregt um dich herum und zaubert dir ein Lachen ins Gesicht.

Noki sagt: "Denke einfach an mich, wenn du das nächste Mal wieder Angst hast. Ich bin dann in deiner Nähe, selbst wenn du mich nicht sehen kannst.
Du bist ab jetzt mutig und stark und ich beschütze dich!"

Jedes Mal, wenn du an Noki denkst,
fühlst du dich schon etwas sicherer.

Du kannst den Hund neben dir spüren.
Er ist an deiner Seite, wenn du die Schule (oder den Kindergarten) betrittst.

Deine Angst wird immer kleiner und kleiner.
Sie löst sich schon bald wie eine Wolke am Himmel
auf.

Atme noch einmal tief ein, - und aus und fühle die
Ruhe und das Vertrauen in dir.

Sage dir in deinen Gedanken: "Ich werde das
schaffen! Ich bin ganz mutig und Noki ist immer bei
mir."

Wir kommen nun bald zum Ende unserer heutigen
Geschichte.

Wenn du dazu bereit bist, kannst du dann deine
Augen wieder öffnen. Du trägst dabei das schöne
Gefühl von Sicherheit und Freundschaft ganz tief in
dir.

Du bist bereit für den Tag!
Noki, der treue Hund, wird immer unsichtbar neben
dir her gehen.

Nimm dir noch einen Moment lang Zeit, um über
dein Erlebnis mit Noki nachzudenken.

Erinnere dich daran, dass es ganz normal ist, sich
manchmal ängstlich oder traurig zu fühlen.
Aber du bist jetzt aber nicht mehr alleine!

Die Geschichte vom traurigen Eric

Mache es dir bequem, schließe deine Augen und höre dir dann die Geschichte an, die ich dir heute erzählen möchte.

Es war einmal ein Junge namens Eric, der sehr gerne zur Schule ging. Er liebte es, neue Dinge zu lernen und mit seinen Freunden zu spielen.

Doch in letzter Zeit fühlte sich Eric oft traurig und entmutigt, denn seine Noten waren nicht so gut, wie er es sich wünschte.

Er gab sich große Mühe, aber trotzdem wollte es einfach nicht so recht bei ihm klappen.

Eines Nachmittags, als Eric von der Schule nach Hause kam, setzte er sich in sein Zimmer und fragte sich, warum er nicht besser sein konnte.

An diesem Tag fühlte sich Eric besonders niedergeschlagen. Er beschloss, auf den alten Dachboden seines Hauses zu gehen, um ein wenig Abstand zu gewinnen.

Auf dem Dachboden war es ruhig und ganz staubig, aber es gab viele interessante Dinge zu entdecken.

Während er zwischen den vielen Kisten und Büchern herumstöberte, entdeckte Eric eine alte, hölzerne

Truhe. Sie war mit mysteriösen Zeichen verziert, die er noch nie zuvor gesehen hatte.

Neugierig öffnete er die Truhe und fand darin eine Reihe von wunderschönen, glänzenden Schalen in verschiedenen Größen. Jede Schale hatte ein einzigartiges Muster und schimmerte wie Gold.

Als Eric die Schalen betrachtete, fühlte er sich plötzlich ganz ruhig und geborgen.
Er hob eine der Schalen aus der Truhe und stellte sie behutsam vor sich auf den Boden.

Neugierig nahm er den kleinen Filzklöppel, der ebenfalls in der Truhe lag, und schlug damit ganz vorsichtig gegen die Schale.

In dem Moment, in dem der Klöppel die Schale berührte, erfüllte ein tiefer, beruhigender Ton den Raum.

Es war fast so, als ob die Schale zu ihm sprach, und sie ihm etwas sagen oder erzählen wollte.

Der Klang war so schön, dass Eric ganz still wurde und tief in seinem Inneren eine Wärme spürte, die ihn augenblicklich tröstete.

Plötzlich begann die Luft um Eric herum leicht zu flimmern, und aus dem sanften Klang der Schale formte sich ein schimmerndes, magisches Wesen.

Es war ein kleiner Drache mit glänzenden Schuppen, die in allen Farben des Regenbogens leuchteten.
Der Drache hatte ein freundliches Lächeln und seine Augen strahlten ihn an.

„Hallo, Eric", sagte der Drache mit seiner warmen Stimme. „Ich bin Klingklang, der Hüter der Klangschalen.
Ich habe deinen Kummer gespürt, als du die Schalen berührt hast. Ich bin hier, um dir zu zeigen, dass du viel mehr kannst, als du selber denkst."

Eric staunte und fühlte sich zugleich beruhigt.
„Aber meine Noten sind doch oft ganz schlecht", sagte er leise.
„Ich versuche es so sehr, aber ich kann es einfach nicht besser."

Klingklang nickte verstehend.
„Noten sind nicht das Einzige, was zählt, lieber Eric", sagte er.
„Manchmal vergessen wir, dass das Wichtigste nicht darin besteht, perfekt zu sein, sondern darin, uns selbst zu vertrauen und unseren eigenen Weg zu finden."

Klingklang flüsterte Eric zu, dass er die Augen schließen soll, um sich besser auf den Klang der Schalen konzentrieren zu können.

Eric folgte der Anweisung und schon bald fühlte er
sich so leicht wie eine Feder.

Der Klang der Schale wurde etwas lauter und
umhüllte ihn wie eine warme Decke.

Als er kurz darauf die Augen wieder öffnete,
befand er sich an einem magischen Ort - in der
Klangwelt.

In dieser Welt schwebten viele verschiedene Töne in
der Luft, und alles um ihn herum vibrierte sanft im
Rhythmus der Schalen.

Eric hörte, wie jede Schale ihre eigene Melodie spielte,
und jede Melodie erzählte ihre Geschichte.

Es war eine Welt voller Harmonie und Frieden,
in der er sich wohl und geborgen fühlte.

Klingklang flog neben ihm her und sagte: „In der
Klangwelt ist jeder Klang einzigartig,
so wie du es auch bist.

Hier gibt es keinen richtigen oder falschen Ton,
nur eine Melodie, die du darauf spielen kannst.“

Eric begann zu verstehen, dass es in Ordnung war,
nicht immer die besten Noten zu haben.

Der wahre Wert liegt darin, zu lernen und sein Bestes zu geben, unabhängig vom Ergebnis.

Der Klang der Schalen zeigte ihm, dass er seinen eigenen Rhythmus finden sollte, anstatt sich immer nur mit den Anderen zu vergleichen.

„Vertraue auf dich selbst, Eric", sagte Klingklang. „Wenn du deine eigene Melodie spielst, wird sie immer gut und in Ordnung sein, weil sie aus dir und deinem Herzen kommt.

Deine Noten sind nur ein Teil von dir, aber sie bestimmen nicht, wer du wirklich bist."

Mit diesen Worten begann der Ton der Schalen allmählich zu verklingen, und Eric kam mit seinen Gedanken langsam wieder zum Dachboden zurück.

Als er die Augen öffnete, sah er die Kiste mit den Klangschalen noch vor sich stehen.
Doch etwas hatte sich in ihm verändert - er fühlte sich jetzt viel stärker und mutiger.

Eric wusste nicht ob er gerade nur geträumt hatte, doch er bedankte sich in Gedanken bei Klingklang und den Klangschalen, für diese schöne, innere Reise.

Von diesem Tag an ging Eric immer dann, wenn er sich gestresst oder unsicher fühlte, auf den Dachboden und öffnete die Truhe mit den Klangschalen.

Und obwohl seine Noten nicht sofort besser wurden, fühlte sich Eric schon viel zuversichtlicher.

Er wusste jetzt, dass er seinen eigenen Weg finden kann, solange er auf sich selbst vertraut und dabei seine eigene Melodie spielt.

Die Klangschalen hatten ihm gezeigt,
dass der wahre Erfolg darin liegt,
niemals aufzugeben und immer an sich selbst zu glauben.

Das Einhorn und die Blume der Wünsche

Ich freue mich, dass du da bist!
Heute möchte ich dich auf eine ganz besondere Reise
mitnehmen. Es ist eine Reise in einen magischen
Garten, in dem alles möglich ist.

Setze oder lege dich nun bequem hin,
schließe deine Augen und hör mir dann gut zu.

Atme jetzt tief ein, -
und langsam wieder aus.

Noch einmal, tief einatmen, -
und dann wieder langsam ausatmen.

Lass uns nun gemeinsam in die Fantasiewelt
eintauchen.

Stelle dir jetzt vor, du bist gerade in einem
wunderschönen Park. Um dich herum blühen viele
bunte Blumen in allen Farben, die du dir nur
vorstellen kannst.
Die Luft ist warm und duftet süß.

Vor dir siehst du einen kleinen Pfad,
der zwischen den Blumen hindurch geht.
Dieser Pfad führt direkt in einen Zaubergarten.

Du beginnst langsam den schmalen Weg entlang zu gehen.

Mit jedem Schritt fühlst du dich leichter und freier.

Die Vögel zwitschern fröhlich und ein sanfter Wind weht durch die Bäume. Die Sonne scheint durch die grünen Blätter und malt kleine Lichtpunkte auf den Boden.

Nach einer Weile erreichst du den Eingang des Zaubergartens.
Der Boden ist mit weichem Moos bedeckt, und du kannst spüren, wie es dich unter deinen Füßen kitzelt.

Im Garten ist es ruhig und friedlich.

Du hörst in der Ferne das sanfte Rauschen eines Baches und vielleicht entdeckst du jetzt sogar schon ein paar kleine Tiere, die dich neugierig ansehen?

Plötzlich fliegt ein großer Schmetterling mit bunten Flügeln an dir vorbei.
Er lädt dich ein, ihm zu folgen.

Während du noch ein Stück weiter in den Garten hinein gehst bemerkst du, dass dieser Ort wirklich magisch ist.

Du entdeckst ein wenig weiter nämlich ein
wunderschönes, weißes Einhorn!
Es hat ein weiches Fell, ein buntes Horn und eine
glänzende Mähne, die im Wind weht.

Das Einhorn kommt ganz langsam auf dich zu und
du spürst seine warme, freundliche Energie.
Es scheint fast, als wolle es dir etwas zeigen.

Das Einhorn führt dich jetzt zu einem großen, alten
Baum. Während du näher kommst bemerkst du, dass
in den Baum ein Tor eingelassen ist, das sich langsam
öffnet.

Du wirst neugierig und folgst dem Einhorn durch die
große Öffnung.

Hinter dem Tor befindet sich ein verzauberter See,
dessen Wasser in allen Regenbogenfarben schimmert.

Du kannst durch das klare Wasser sehen, dass viele
kleine, bunte Fische darin schwimmen.

Das Einhorn zeigt dir jetzt eine ganz besondere
Blume, die am Ufer des Sees wächst.
Es erklärt dir, dass diese Blume Wünsche erfüllen
kann.

Denk mal kurz nach, was für einen Wunsch hast du?
Vielleicht wünschst du dir ja etwas ganz Besonderes?
Suche dir jetzt etwas aus, dass dir viel Freude macht.

Und wer weiß, vielleicht kann die Blume dir diesen
Wunsch sogar erfüllen?

Nun wird es langsam Zeit, sich für heute von dem
Zaubergarten zu verabschieden.

Das Einhorn geht nun mit dir zusammen zurück, am
See vorbei, durch das Tor im Baum, und du hörst
wieder die zwitschernden Vögel.

Es führt dich durch den magischen Garten,
zurück zu dem kleinen Pfad, der dann wieder in den
Park führt.

Nun verabschiedest du dich von dem Einhorn,
streichelst ihm nochmals über sein weiches Fell
und bedankst dich bei ihm für den schönen Ausflug.

Du gehst nun den Rest des Weges alleine.
Du läufst wieder durch den Park,
an den bunten Blumen vorbei,
bis du wieder ganz am Anfang der Reise
angekommen bist.

Du weißt, dass du in Gedanken jederzeit wieder an diesen magischen Ort zurückkehren kannst, immer, wenn du dies möchtest.

Atme nun einige Male tief ein, - und aus.
Ein, - und aus.
Ein, - und aus.

Finde dann langsam in den Raum zurück, in dem du dich jetzt gerade befindest.

Wenn du dann dazu bereit bist, kannst du deine Augen wieder öffnen.

Du fühlst dich ganz ruhig, glücklich und noch immer voller Magie.

Willkommen zurück!
Du hast gerade eine wunderbare, innere Reise gemacht.

Denke daran, dass die Kraft dazu immer in dir steckt und du diese Reise jederzeit in deinen Gedanken wiederholen kannst.

Die Entdeckung des Mutes

Hallo!
Heute werden wir eine zauberhafte Reise in die Welt
der Fantasie machen. Dabei wirst du etwas ganz
Besonderes entdecken, deinen eigenen Mut!

Setze dich gemütlich hin oder lege dich entspannt auf
deine Unterlage.
Schließe deine Augen und atmet dann einige Male tief
ein, - und wieder aus. Ein, - und wieder aus.

Lasse alle Gedanken, die dich vielleicht gerade noch
beschäftigen, los, und folge mir dann in eine
zauberhafte Welt.

Wir beginnen damit, noch einmal tief einzuatmen. -
und auszuatmen.
Spüre, wie dein Körper dabei ganz ruhig wird.

Atme noch einmal kräftig ein, - und lasse beim
Ausatmen alle Anspannung los.

Du bist jetzt ganz entspannt und fühlst dich wohl.

Stelle dir vor, du bist auf einer wunderschönen,
grünen Wiese.
Die Sonne scheint warm auf dich herab und du
kannst das Rauschen der Blätter hören, wenn der
Wind durch die Bäume weht.

Du läufst barfuß über das weiche Gras und du spürst
die Wärme der Erde unter deinen Füßen.

Während du über die Wiese gehst, entdeckst du
zwischen den grünen Büschen etwas großes, Rotes.

Neugierig gehst du ein Stück näher heran und siehst
dann einen riesengroßen, wunderschönen Fliegenpilz
mit einem leuchtend roten Hut und weißen Punkten.

Dieser Pilz sieht ganz anders aus als alle, die du bisher
gesehen hast. Er strahlt etwas ganz Besonderes aus
und du fühlst dich von ihm regelrecht angezogen.

Du setzt dich jetzt unter den Hut des Fliegenpilzes,
der dir Schutz und Geborgenheit bietet.
Hier ist es ruhig und friedlich und du fühlst dich ganz
sicher.

Während du so unter dem Fliegenpilz sitzt,
bemerkst du ein sanftes, goldenes Licht,
dass ein wenig unter dem Pilz hervorstrahlt.

Plötzlich hörst du eine leise Stimme, die dich
freundlich begrüßt.

Du schaust dich verwundert um und entdeckst ein
kleines Zauberwesen, das unter dem Fliegenpilz
hervorkriecht.

Es ist ein winziges Geschöpf, kaum größer als deine
Hand. Es hat schillernde Flügel und trägt ein

Kleid aus grünen Blättern.
In seinen Händen hält es eine kleine, funkelnde Kugel
und sein Gesicht strahlt Freundlichkeit aus.

„Hallo", sagt das Zauberwesen mit seiner sanften
Stimme. „Ich bin Salome, die Hüterin dieses Gartens.
Ich freue mich, dass du mich hier gefunden hast."

Salome setzt sich zu dir und erzählt dir ein wenig über
die Wunder des Gartens. Sie erklärt, dass es in der
Natur viele Geheimnisse gibt, die uns Kraft und Mut
geben, wenn wir lernen, genau hinzusehen und
zuzuhören.

„Jeder von uns trägt ganz viel Kraft und Mut in sich",
sagt Salome. „Manchmal brauchen wir nur ein
bisschen Hilfe, um das in uns zu entdecken.

Salome reicht dir die winzige, leuchtende Kugel, die
sie in ihren Händen hält.

„Ich übergebe dir jetzt das Licht des Vertrauens",
sagt sie. „Es will dir zeigen, dass du stark und mutig
bist. Immer, wenn du dich alleine oder ängstlich
fühlst, brauchst du nur an das Licht zu denken und es
wird dir sofort helfen."

Kurz darauf verabschiedet sich Salome mit einem
liebevollen Lächeln von dir.

„Du kannst mich jederzeit wieder besuchen", sagt sie,
bevor sie wieder in dem saften, goldenen Lichtstrahl

unter dem Fliegenpilz verschwindet.

Der Pilz leuchtet danach noch heller als zuvor und du weißt, dass Salomes Geschenk nun immer bei dir sein wird.

Atme jetzt das Licht des Vertrauens tief in dich ein, - und du wirst schon beim Ausatmen mehr Kraft und Mut in dir spüren.

Schon nach ein paar Atemzügen fühlst du dich innerlich ganz mutig und stark.

Noch ein paar Atemzüge und es wird wieder Zeit, langsam von der Wiese zurückzukehren.

Stelle dir vor, wie du jetzt den Weg über die grüne Wiese wieder zurück gehst. Du spürst dabei die Wärme der Sonne und das weiche Gras unter deinen Füßen.

Atmet noch einmal tief ein, - und langsam aus. Und dann öffnest du deine Augen.

Du hast heute etwas ganz Besonderes entdeckt: Das Licht des Vertrauens, das nun auch in dir leuchtet.
Immer, wenn du dich unsicher fühlst, kannst du dich an Salome und den Fliegenpilz erinnern. Du bist stark und mutig, und das Licht wird dich jetzt immer begleiten.

Der Flug des großen Adlers

Setze oder lege dich bequem auf deine Unterlage,
atme ein paar Mal tief ein, - und aus - und schließe
dann deine Augen, wenn du dich dazu bereit fühlst.

Lasse alle Gedanken los und spüre, wie dein Körper
schwer und entspannt wird.

Heute begeben wir uns auf eine wunderbare Reise, bei
der du dich in einen großen Adler verwandelst und
die Welt von oben betrachtest.

Stelle dir vor, du bist auf einem schönen, hohen Berg.
Die Sonne scheint auf dein Gesicht, und du fühlst
plötzlich eine ganz besondere Kraft in dir.

Du spürst, wie sich deine Arme ausbreiten möchten
und dir Federn sprießen.
Du verwandelst dich nach und nach in einen großen,
majestätischen Adler!

Mit einem sanften Flügelschlag erhebst du dich jetzt
in die Luft.

Spüre den Wind unter deinen Flügeln, während du
immer höher hinauf in den Himmel fliegst.

Jetzt bist du fast schon über den Wolken, und es ist
ganz still geworden. Du hörst nur noch das sanfte,
beruhigende Geräusch der Klangschalen.

Du fliegst weiter und entdeckst die Welt von oben:
Die Bäume sind kleine grüne Punkte,
die Häuser sehen wie Spielzeug aus,
und die Menschen wirken wie winzige Figuren.
Alles sieht sehr friedlich und schön aus.

Du beschließt, wieder ein wenig tiefer zu fliegen.
Jetzt siehst du einen Fluss, der sich wie ein silberner
Bogen durch die Landschaft schlängelt.

Das Wasser glitzert in der Sonne, und du hörst sein
leises Plätschern - es ist fast so, als würde die Natur
zu dir sprechen wollen.

Mit jedem Flügelschlag fühlst du, wie du immer mehr
von der Schönheit der Welt in dich aufnimmst.
Du strahlst voller Glück und fühlst dich ganz leicht
und unbeschwert.

Während du weiterfliegst, begleiten dich die feinen
Schwingungen der Klangschalen.
Ihre Töne sind wie eine sanfte Melodie,
die dich umhüllt und dir ein Gefühl von Freiheit und
Leichtigkeit schenkt.

Genieße noch ein wenig dieses schöne Gefühl bevor
es Zeit wird, wieder nach Hause zurückzukehren.

Du schwebst jetzt sanft zur Erde hinunter und landest
dann ganz sicher auf dem Berg.

Du spürst, wie sich deine großen Federn langsam
zurückziehen und deine Arme ganz normal werden.

Du bist wieder das Kind, das du warst,
doch du trägst jetzt das besondere Gefühl der Freiheit
und der Freude tief in deinem Herzen!

Atme nun kräftig ein, - und aus,
fühle den Boden unter dir und höre ein letztes Mal
den Klängen der Klangschalen zu, die dich auf deiner
Reise begleitet haben.

Wenn du dazu bereit bist, kannst du deine Augen
wieder öffnen und noch ein wenig das Gefühl von
Freiheit und Glück genießen.

Denk daran, dass du jederzeit wieder in deine
Fantasiewelt zurückkehren kannst,
um die Freiheit des Himmels erneut zu spüren!

Die kranke Emma und die Katze Sissi im Zauberpark

Ich werde dir gleich die Geschichte von Emma und
Sissi erzählen. Mache es dir bequem,
atme ruhig und gleichmäßig ein, - und aus -
und sei darauf gespannt, was Emma alles erlebt hat...

Es war einmal ein Kind namens Emma, das krank im
Bett lag. Draußen schien die Sonne und Emma hörte
die Vögel zwitschern. Aber sie fühlte sich schwach
und konnte nicht wie sonst nach draußen zum Spielen
gehen.

An diesem Tag fühlte sie sich besonders traurig,
bis sie plötzlich etwas Weiches an ihrer Hand streifte.

Als Emma ihre Augen öffnete sah sie eine kleine,
flauschige Katze, die nun neben ihr auf dem Bett saß.

Die Katze hatte strahlend grüne Augen und ein
wunderschönes, silbergraues Fell, das schön glänzte.

Die Katze schnurrte leise und kuschelte sich ganz
dicht an Emma heran.

„Hallo, Emma", sagte die Katze mit ihrer sanften,
beruhigenden Stimme.

Emma war überrascht, dass die Katze sprechen
konnte, aber gleichzeitig fühlte sie sich sofort
getröstet.

„Ich bin Sissi", stellte sich die Katze vor.
„Ich bin gekommen um dir zu helfen, dass du dich
bald wieder besser fühlst."

Sissi sprang leichtfüßig vom Bett auf und forderte
Emma auf, ihr zu folgen.

„Schließe deine Augen und halte dann meine Pfote",
sagte Sissi. Emma tat, was Sissi sagte, und plötzlich
fühlte sie sich ganz leicht.

Als sie kurz darauf die Augen wieder öffnete,
befand sie sich nicht mehr in ihrem Zimmer,
sondern in einem wunderschönen Park.

Dieser Park war anders als jeder, den Emma je zuvor
gesehen hatte. Alle Bäume waren bunt und ihre
Blätter schimmerten und glitzerten in allen Farben des
Regenbogens.

Die Luft war erfüllt von sanften, melodischen
Klängen. Sie waren an einem magischen Ort,
voller Frieden und Freude.

„Willkommen im Zauberpark", sagte Sissi.
„Hier kann sich jeder, der krank ist, erholen und
wieder neue Kraft schöpfen."

Sissi führte Emma zu einem weichen Bett aus Moos,
das unter einem großen Baum stand.

„Lege dich hier hin und schließe deine Augen", sagte

sie sanft.
„Atme dann tief ein, - und aus…
Spüre, wie die frische Luft des Parks deine Lungen
füllt und dir wieder neue Kraft und Energie gibt."

Emma tat, was Sissi sagte.
Mit jedem neuen Atemzug fühlte sie sich ein bisschen
stärker und auch ein bisschen besser.

Es war, als ob die Krankheit langsam von ihr abfiel
und der Park sie wieder mit neuer Kraft erfüllte.

Sissi begann leise zu schnurren. Das Geräusch war so
beruhigend, dass sich Emma noch tiefer entspannte.

„Der Zauberpark ist ein besonderer Ort", erklärte
Sissi. „Hier wirst du dich schon bald viel besser
fühlen. Lass einfach los und vertraue darauf, dass die
Kraft der Natur dir hilft, wieder gesund zu werden."

Während Emma so da lag bemerkte sie plötzlich, dass
sich die Tiere des Parks um sie versammelten.

Vögel, Schmetterlinge und sogar ein kleiner Hase
kamen herbei, als wollten sie Emma willkommen
heißen.

Jedes Tier strahlte eine so sanfte, liebevolle Energie
aus die Emma das Gefühl gab, hier völlig geborgen,

angenommen und sicher zu sein.

Sissi erzählte Emma von den Geheimnissen des
Parks. „Jeder Baum, jede Blume, jedes Tier trägt eine
besondere Kraft in sich.
Sie alle wollen dir helfen, rasch wieder gesund zu
werden. Höre einfach auf ihre Stimmen und spüre,
wie ihre Zauberkraft dich von innen heraus stärkt."

Emma lächelte und fühlte sich tatsächlich schon viel
besser.

Die Wärme des Parks und die Liebe, die von den
Tieren ausging, machten sie glücklich.

Sie spürte, dass sie bald wieder ganz gesund sein
würde, dank den Tieren, der Magie des Zauberparks
und Sissis fürsorglicher Begleitung.

Nachdem Emma eine Weile im Zauberpark verweilt
hatte, fühlte sie sich so erholt wie schon lange nicht
mehr.

Sissi sah sie an und lächelte.
„Nun ist es an der Zeit, dass du wieder nach Hause
gehst", sagte sie sanft.
„Aber vergiss nie, dass du diesen Zauberpark
trotzdem in deinem Herzen tragen kannst.
Immer, wenn du dich schwach oder krank fühlst,
schließe deine Augen und denke einfach nur an diesen

besonderen Ort. Das wird dir helfen, neue Kraft zu finden."

Emma nahm Sissis Pfote und schloss erneut die Augen. Als sie die Augen wieder öffnete, war sie in ihrem Zuhause zurück und lag in ihrem Bett.

Sie wusste nicht, ob sie das Alles nur geträumt hatte, doch sie fühlte sich anders - stärker, erfrischter und voller Hoffnung.

Sissi war verschwunden.
Emma kuschelte sich mit einem glücklichen Lächeln in ihre Decke und war sich ganz sicher,
dass sie nun bald wieder ganz gesund sein würde.

Der Zauberpark und Sissi hatten ihr gezeigt,
dass es einen Ort der Heilung gibt.

Und dieser Ort war nicht nur in einem fernen Park,
sondern auch tief in ihrem eigenen Herzen.

Ich hoffe, dass dir diese Geschichte gefallen hat.
Du kannst dich gerne wieder an Sissi und Emma erinnern, wenn du das nächste Mal krank bist.

Anna im Zaubergarten der inneren Harmonie

Schließe deine Augen, atme einige Male ganz tief in deinen Bauch ein. Lausche dann der Geschichte, die ich dir gleich erzählen werde…

Es war einmal ein kleines Mädchen namens Anna, dass in einem hübschen Haus am Rande einer großen Stadt lebte.

Anna liebte ihre Eltern sehr, aber in letzter Zeit waren sie oft nicht gut miteinander. Sie stritten sich wegen vieler kleiner Dinge, und das machte Anna traurig.

Sie wünschte sich nichts sehnlicher, als dass wieder Frieden und Freude in ihrem Zuhause herrschen würden.

Eines Abends, als Anna traurig in ihrem Zimmer saß und der Mond durch das Fenster schaute, passierte etwas ganz Besonderes.

Der Mond strahlte heller als je zuvor und plötzlich erschien ein glitzernder Weg, der von Annas Zimmer aus direkt in den Garten führte.

Neugierig und ein wenig aufgeregt stand Anna auf und folgte dem leuchtenden Pfad.

Der Garten, der tagsüber noch ganz normal aussah, war jetzt voller glitzernder Lichter und funkelnder Sterne, die die Pflanzen beleuchteten.
Anna spürte, dass etwas ganz Ungewöhnliches auf sie wartete.

Plötzlich hörte sie eine leise, freundliche Stimme, die ihren Namen rief. „Anna, Anna, komm doch näher."

Sie ging ein Stück tiefer in den Garten hinein und entdeckte eine wunderschöne Fee, die auf einer Blume saß.
Die Fee hatte silberne Flügel und ein rosa Kleid, das im Mondlicht schimmerte.

„Hallo, Anna", sagte die Fee lächelnd.
„Ich bin Moni, die Fee der Harmonie. Ich weiß, dass du dir wünschst, dass deine Eltern wieder glücklich sind. Ich bin hier, um dir zu helfen."

Moni führte Anna zu einem klaren Teich, der sich im Zaubergarten befand. In der Mitte des Teiches stand ein alter, schöner Spiegel, der von einem blauen Licht umgeben war.

„Das ist der Zauberspiegel der Wahrheit", erklärte Moni. „Er zeigt dir nicht nur die Dinge, wie sie sind, sondern auch, wie sie sein könnten.
Schau hinein, Anna, und sieh, was er dir zeigt."

Anna trat vorsichtig an den Spiegel heran und blickte hinein. Zuerst sah sie, wie ihre Eltern stritten, und fühlte wieder den Knoten in ihrem Bauch.

Doch dann veränderte sich das Bild. Sie sah, wie ihre Eltern zusammen lachten, wie sie sich küssten und wie wieder mehr Liebe und Freude in ihrem Zuhause vorhanden waren.

Dieses Bild war so schön, dass Anna lächeln musste.

„Was du gesehen hast, Anna, ist die Liebe, die immer noch in deinem Zuhause lebt", flüsterte Moni.

„Manchmal vergessen die Menschen, wie wichtig die Liebe ist, besonders, wenn sie sich streiten. Aber mit ein wenig Hilfe kannst du ihnen dabei helfen, dass sie sich wieder daran erinnern."

Moni hielt ihre Hand über den Spiegel, und aus dem blauen Licht formte sich ein kleiner, blau leuchtender Stein.

Er war wunderschön und strahlte eine warme Energie aus. „Dies ist der Stein der Harmonie", erklärte die Fee. „Er wird euch helfen, die Liebe und den Frieden in deinem Zuhause zu stärken."

Anna nahm den Stein behutsam in ihre Hand und spürte sofort, wie er warm und beruhigend war.

„Was soll ich tun?" fragte sie leise.
„Du musst ihn nur in dein Zuhause bringen",
antwortete Moni.

„Platziere ihn an einem Ort, an dem ihn alle sehen können. Dieser Stein wird euch helfen, dass sich deine Eltern wieder an die Liebe erinnern, die sie früher füreinander empfunden haben."

Mit dem Stein in der Hand und der Hoffnung in ihrem Herzen verabschiedete sich Anna von der Fee und machte sich auf den Weg, zurück nach Hause.

Der glitzernde Weg führte sie sicher aus dem Zaubergarten zurück in ihr Zimmer. Anna fühlte sich mutig und stark, bereit, ihrem Zuhause zu helfen.

Am nächsten Morgen, als ihre Eltern noch schliefen, nahm Anna den Stein und legte ihn auf den Esstisch in der Küche, wo ihn alle gut sehen konnten. Der Stein strahlte in einem sanften, beruhigenden blauen Licht.

Im Laufe des Tages bemerkte Anna, dass ihre Eltern etwas anders reagierten. Als sie wieder anfingen zu streiten, entdeckten sie plötzlich den leuchtenden Stein auf dem Tisch.

Sie hielten inne, blickten einander an - und schauten dann wieder auf den Stein.

Es schien, als würde das blaue Licht des Steins etwas in ihnen wecken, dass sie einige Zeit lang fast vergessen hatten.

Dann setzten sie sich zusammen an den Tisch und
begannen leise miteinander zu sprechen - nicht in
lauten Stimmen, sondern ganz ruhig und liebevoll.

Sie sprachen über früher und erinnerten sich daran,
was sie an sich liebten und was wirklich wichtig war.

Von diesem Tag an wurde es in Annas Zuhause
immer harmonischer. Es gab weniger Streit, und
wenn es doch einmal Meinungsverschiedenheiten gab,
setzten sich ihre Eltern in Ruhe zu dem Stein und
erinnerten sich daran, wie viel sie sich trotzdem
bedeuteten.

Der Stein der Harmonie half Annas Eltern sich
wieder an die fast vergessene Liebe zu erinnern,
die immer in ihrem Zuhause gelebt hatte.

Auch wenn sich der Zaubergarten Anna nur in dieser
einen, besonderen Nacht gezeigt hatte wusste sie
doch, dass die Kraft der Liebe und Harmonie nun
wieder bei ihnen Zuhause war.

Verabschiede dich nun von Anna und ihrem Stein der
Harmonie und komme dann langsam wieder in
unseren Raum zurück.

Vielleicht kannst du dich ja auch an Annas
Geschichte und ihren Stein der Harmonie erinnern,
wenn du selbst mal mit einem deiner Freunde eine
Meinungsverschiedenheit oder einen Streit hast?

Lillis mutige Reise zum Regenbogen

Heute kannst du dich zu der Geschichte von Lilli entspannen. Schließe deine Augen, atme dann drei Mal tief ein, - und aus, und höre anschließend ganz aufmerksam zu, was ich dir gleich erzählen werde.

Die schönen Töne der Klangschalen begleiten dabei unsere innere Reise.

Es war einmal ein kleines Mädchen namens Lilli. Lilli war ein sehr fröhliches Kind das liebte, neue Dinge auszuprobieren.

Doch eines Tages versuchte sie etwas ganz Besonderes zu tun: Sie wollte zum ersten Mal ohne Stützräder Fahrrad fahren.

Sie hatte sich so sehr darauf gefreut, doch als sie es versuchte, stürzte sie immer wieder und wieder.

Lilli war von sich enttäuscht und war sehr traurig. Sie dachte, dass sie es vielleicht nie schaffen würde…

Eines Nachmittags, als Lilli traurig in ihrem Garten saß, hörte sie plötzlich ein Rascheln in den Bäumen.

Ein wunderschöner bunter Vogel, mit leuchtend roten Federn, landete direkt vor ihr.

„Hallo, Lilli", zwitscherte der Vogel freundlich. Mein Name ist Manfred. „Warum bist du so traurig?"

Lilli seufzte und erzählte dem Vogel dann von ihren vielen missglückten Versuchen, Fahrrad zu fahren.

„Ich habe es so oft versucht, aber ich falle immer wieder hin. Vielleicht bin ich ja einfach nicht gut genug", meinte sie leise.

Der Vogel legte den Kopf schief und sagte mit sanfter Stimme: „Manchmal fallen wir, bevor wir fliegen können, Lilli. Aber das bedeutet nicht, dass du es nicht doch schaffen kannst.
Möchtest du einen Ausflug mit mir machen?
Ich zeige dir etwas, das dir neuen Mut geben wird."

Neugierig und ein wenig aufgeregt stimmte Lilli zu.

Manfred hob sie sanft auf seinen Rücken und gemeinsam flogen sie in den Himmel hinauf.

Sie flogen über Felder und Wälder, bis sie schließlich einen wunderschönen Regenbogen am Horizont sahen. Die Farben des Regenbogens waren so bunt, dass Lilli richtig staunte.

„Schau Lilli, das ist der Mutbogen", erklärte der Vogel. „Jede Farbe steht für eine besondere Eigenschaft, die du in dir trägst.
Ich werde dir zeigen, wie stark du wirklich bist."

Manfred flog mit Lilli zum Anfang des Regenbogens, wo die Farbe Rot leuchtete.

„Rot steht für Mut", sagte der Vogel. „Auch wenn du Angst hast bringst du den Mut auf, es immer wieder zu versuchen."

Sie flogen weiter zum Orange.
„Orange steht für Ausdauer. Auch wenn du scheiterst, gibst du nicht auf. Du versuchst es immer noch einmal."

Als sie zum Gelb kamen erklärte Manfred: „Gelb steht für Freude. Denke daran, wie glücklich du sein wirst, wenn du es geschafft hast. Lasse diese Freude in dir wachsen."

Beim Grün angekommen sagte der Vogel:
„Grün steht für Hoffnung. Auch wenn es schwer ist, hast du immer noch Hoffnung, dass es wieder besser wird. Du darfst nicht aufgeben Lilli!"

„Schau, das Blau symbolisiert das Vertrauen. Blau steht dafür, an sich selbst zu glauben. Selbst wenn es schwierig ist weißt du tief in dir, dass du es doch schaffen kannst."

Schließlich erreichten sie Violett. „Das Lila steht für Stärke. Du hast die Kraft wieder aufzustehen, egal wie oft du fällst."

Nachdem der Vogel der kleinen Lilli alle Farben des Mutbogens erklärt hatte fragte er sie: „Lilli, was hast du jetzt gelernt?"

Lilli schaute auf die Farben des Regenbogens und spürte, wie sich eine warme Kraft in ihr ausbreitete.

„Ich habe gelernt, dass es okay ist, zu fallen. Jeder fällt mal. Aber ich kann immer wieder aufstehen und es erneut versuchen, weil ich mutig bin, Ausdauer habe und an mich glaube."

Manfred nickte zufrieden. „Genau, Lilli. Du trägst all diese Eigenschaften schon in dir. Der Regenbogen zeigt dir nur, dass du viel stärker bist, als du manchmal von dir denkst."

Kurz darauf brachte der Vogel die kleine Lilli wieder sicher nach Hause zurück. Bevor er davonflog, sagte er: „Erinnere dich immer an den Mutbogen wenn du das Gefühl hast, dass etwas zu schwer für dich ist. Egal was es ist, gib nicht auf, du kannst es trotzdem schaffen."

Lilli winkte Manfred noch nach und fühlte sich bereits jetzt schon viel mutiger.

Am nächsten Tag holte sie wieder ihr Fahrrad aus der Garage. Sie wusste, dass sie vielleicht erneut stürzen würde, aber das war okay für sie. Lilli war bereit, es erneut zu versuchen.

Und als Lilli sich wieder auf das Fahrrad setzte,
dachte sie dabei an den Mutbogen.

Sie spürte die Kraft der Farben in sich und fuhr, noch
ein wenig wackelig, einfach los.

Dieses Mal schaffte sie es - sie fuhr ohne Stützräder!

Das Lachen und die Freude in ihrem Gesicht waren
lauter und heller, als die Farben des Regenbogens.

Manchmal scheitern wir an etwas, aber das bedeutet
nicht, dass wir schnell aufgeben sollten.

So wie Lilli, die nach ihrem Fall den Mut gefunden
hat es erneut zu versuchen, so kannst auch du immer
wieder aufstehen und zu einem neuen Versuch
starten.
Denke einfach an den bunten Mutbogen und daran,
dass du bereits all diese wunderbaren Farben in dir
trägst.

Du kannst alles schaffen, wenn du an dich glaubst!

Fabians Traumflug mit der Eulen-Fee

Es war einmal ein kleiner Junge namens Fabian. Jeden Abend bevor er ins Bett ging fragte er sich, welche Abenteuer er wohl nachts wieder in seinen Träumen erleben würde.

Willst du wissen, was Fabian eines Abends erlebte? Dann schließe deine Augen, nimm ein Paar tiefe Atemzüge, und höre zu, was ich dir gleich erzählen werde…

Eines Abends, als Fabian sich unter seine warme Decke kuschelte, hörte er plötzlich ein leises Flattern am Fenster. Er stand nochmal auf, ging neugierig hin, und entdeckte dort eine kleine Eule, die bereits auf ihn wartete.

„Hallo, Fabian", sagte die Eule mit ihrer sanften, beruhigenden Stimme. „Ich bin Eulalia, die Eulen-Fee. Ich bin hier her gekommen um dich auf eine ganz besondere Reise mitzunehmen, eine Reise in die Welt der Träume."

Fabian staunte.
„Eine Reise in die Welt der Träume?" fragte er.
„Ja," antwortete Eulalia lächelnd, „in dieser Welt werden alle deine Wünsche wahr. Du kannst fliegen, neue Freunde treffen, oder in fantastische Länder reisen. Alles was du dafür tun musst ist deine Augen zu schließen, und mir zu vertrauen."

Fabian legte sich wieder ins Bett, zog sich die Decke bis zum Kinn und schloss erwartungsvoll die Augen.

Plötzlich spürte er, wie er beim Einschlafen ganz leicht wurde, fast so, als ob er schweben würde.

Kurz darauf erhob er sich schon ein Stück nach oben. Eulalia, die Eulen-Fee, flog neben ihm her und gemeinsam schwebten sie durch den sternenklaren Nachthimmel.

Sie flogen höher und höher, über die Dächer der Häuser, über Wälder und Seen, bis sie schließlich die Wolken erreichten.

Fabian fühlte sich sicher und geborgen neben Eulalia, die ihn mit ihren sanften Flügelschlägen beschützte.

Nach einer Weile erreichten sie eine wunderschöne, schwebende Insel, die nur aus weichen Wolken bestand.

„Willkommen auf der Trauminsel", sagte Eulalia. „Hier ist alles möglich. Du kannst dir vorstellen, was du möchtest."

Fabian sah sich um und staunte.
Um ihn herum waren leuchtende Blumen, die in den schönsten Farben schimmerten.

Ein kleiner Fluss aus silbernem Wasser schlängelte

sich durch die ganze Insel und bunte Vögel sangen
ihre zauberhaften Lieder.

„Worauf hast du denn Lust, Fabian?" fragte Eulalia.
„Möchtest du mit den Tieren sprechen, auf dem
Regenbogen rutschen oder vielleicht zwischen den
Sternen spielen?"

Fabian überlegte kurz und sagte dann:
„Ich möchte auf einem fliegenden Teppich durch die
Wolken segeln!"

Kaum hatte Fabian seine Worte ausgesprochen,
erschien ein wunderschöner, bunter Teppich vor ihm.

Eulalia half Fabian sich auf den Teppich zu setzen,
und schon ging es los! Der Teppich erhob sich sanft
in die Luft und schwebte dann über die ganze
Trauminsel.

Fabian fühlte den angenehmen Wind in seinen
Haaren und beobachtete die Trauminsel unter sich.

Er flog vorbei an schlafenden Drachen,
die sich auf den Wolken ausruhten,
und an bunten Schmetterlingen,
die aufgeregt in der Luft tanzten.

Es war das schönste Gefühl, dass Fabian je erlebt
hatte!

Nachdem Fabian die ganze Insel ausgiebig erkundet hatte, brachte Eulalia ihn schließlich wieder zurück auf die Erde.

„Es wird Zeit zurückzukehren, Fabian",
sagte sie sanft. „Du hast jetzt eine wunderbare Traumeise gemacht. Jetzt kannst du dich wieder ausruhen und weiterschlafen."

Sie flogen gemeinsam zurück und Fabian lag schon kurz darauf wieder in seinem Bett.
Er fühlte sich zwar müde, aber er war sehr glücklich.

„Danke, Eulalia", flüsterte er noch. „Ich werde nie vergessen, was ich heute Nacht mit dir erlebt habe."

„Schlaf gut, kleiner Traumflieger", antwortete Eulalia. „Ich bin in deinen Träumen immer ganz nah bei dir."

Und so schlief Fabian ganz schnell, mit einem Lächeln auf den Lippen ein, bereit, in weitere, wundersame Träume abzutauchen.
Wer weiß, vielleicht besucht ihn Eulalia, die Eulen-Fee, bald schon wieder, um ihn dann auf ein neues Abenteuer mitzunehmen.

Komme nun auch du langsam wieder aus deiner Entspannungsreise in unseren Raum hier zurück.
Nimm jetzt einen tiefen Atemzug,
dann gähne, recke und strecke dich.
Und wer weiß, vielleicht träumst du heute Nacht auch von Eulalia, oder du erlebst dein eigenes Abenteuer?

Die Freundschaft und der blöde Streit

Setze oder lege dich bequem hin, und schließe dann deine Augen. Atme tief ein, - und aus - und spüre, wie sich dein Körper mit jedem weiteren Atemzug immer mehr und mehr entspannt.

Stelle dir nun vor, du befindest dich in einem wunderschönen Zauberwald.
Überall um dich herum sind hohe Bäume, die im Wind sanft hin und her schaukeln.

Der Boden ist mit vielen weichen Moospolstern bedeckt, auf denen du dich ganz bequem niederlassen kannst.

Plötzlich kommt ein kleines, freundliches Tierchen auf dich zu. Es ist ein weiser Fuchs mit braunen Augen, der einen sanften Blick hat.

Der Fuchs ist hier um dir zu helfen, deine Streitereien zu klären und die Traurigkeit zu heilen.

Der kleine Fuchs führt dich nun an einen wunderschönen, strahlend blauen See, der von vielen bunten Blumen umgeben ist.

Er lädt dich dazu ein, deine Füße ins glasklare Wasser zu tauchen und zu spüren, wie alle Sorgen und Ängste darin langsam von dir abfallen.

Stelle dir nun deinen Freund oder deine Freundin
beim letzten Streit vor.

Lasse nun diese Person in deiner Gedankenwelt
erscheinen und stelle dir vor, wie sie ebenfalls neben
dir am See sitzt.

Schaut euch gegenseitig in die Augen und spürt,
wie dadurch die Gefühle der Freundschaft und
Zuneigung zwischen euch langsam wieder ansteigen.

Der kleine Fuchs führt euch beide nun zu einem
Baum, der mit vielen leuchtenden Kerzen geschmückt
ist. Dieser Baum ist der Baum der Vergebung.

Jeder von euch hängt jetzt einen kleinen Zettel an den
Baum, auf dem ihr den Grund eures blöden Streits,
euren Ärger und eure Verletzungen geschrieben habt.

Nun zündet der kleine Fuchs alle Kerzen für euch an
und ihr spürt, wie das Feuer des Friedens und der
Vergebung zwischen euch entfacht wird.

Ihr gebt euch gegenseitig die Hand und fühlt, wie
gleichzeitig ein warmes Gefühl der Versöhnung durch
eure Körper strömt.

Der kleine Fuchs führt euch nun zurück zum See,
wo ihr einander umarmt und euch gegenseitig
versichert, dass ihr noch immer Freunde seid - und ab
jetzt wieder mehr füreinander da sein werdet.

Du spürst, wie die Gedanken an den blöden Streit
verblassen und Freude, Zufriedenheit und Glück in
dein Herz zurückkehren wollen.

Nimm dir jetzt noch einen Moment und nimm wahr,
wie sich dein Körper nun anfühlt.
Du fühlst dich froh und bist erleichtert.

Du weißt nun, dass du jeden Streit, egal ob klein oder
groß, künftig klar und liebevoll klären kannst.
Du bemerkst auch, dass eine Freundschaft daraus
sogar gestärkt hervorgehen kann.

Mit dieser Erkenntnis läufst du, mit einem Lächeln im
Herzen, langsam wieder aus dem Zauberwald hinaus
und öffnest deine Augen, wenn du hier im Raum
angekommen bist.

Du bist bereit, jeden Streit künftig mit der nötigen
Ruhe und Freundlichkeit zu beenden und bist wieder
für eine tiefe Freundschaft offen.

Die Entspannungsreise zum magischen Garten

Lege oder setzte dich nun bequem hin, fühle dich wohl, und schließe dann allmählich deine Augen.
Atme tief ein, - und aus.
Spüre, wie sich dein Körper immer mehr und mehr entspannt und sich langsam immer mehr Ruhe in dir ausbreiten möchte.

Nun höre auf die sanften Klänge der Klangschalen, die dich in der Entspannung begleiten.

Stelle dir vor, wie du jetzt an einen wunderschönen Ort reist, weit weg von allem Stress und allem Druck.

Es ist ein Ort, an dem du dich sicher und wohl fühlst.

Du betrittst einen magischen Garten voller bunter Blumen und hoher Bäume. Du spürst, wie eine sanfte Brise durch dein Haar streicht und wie die Sonne dein Gesicht wärmt.

Nimm dir einen Moment Zeit, um den Garten mit all deinen Sinnen wahrzunehmen.

Gehe dann weiter und entdecke einen kleinen Bach, der durch den Garten fließt.

Stelle dir vor, wie du deine Schuhe ausziehst und mit den Füßen ins kühle, klare Wasser steigst.

Dabei hörst du das leise Plätschern des Bachs und du spürst, wie er deine Füße erfrischt.

Laufe nun weiter und entdecke eine wunderschöne Lichtung mit weichem, grünem Gras.
Setze dich hin und spüre, wie das Gras deine Beine sanft streichelt. Genieße den Moment der Ruhe und des Friedens.

Nun richte deinen Blick nach oben und betrachte den klaren Himmel.
Beobachte die Wolken, die langsam vorbeiziehen, und stelle dir vor, dass sie all deine Sorgen mitnehmen. Lasse von allem los, was dich belastet, und spüre, wie sich deine Gedanken beruhigen.

Während du die Klänge der Klangschalen weiterhin wahrnimmst, bleibst du noch einen Moment auf der Lichtung. Atme tief ein, - und aus und spüre, wie sich die Ruhe und die Gelassenheit in dir ausbreiten.

Langsam kehrst du nun wieder aus deiner Entspannungsreise zurück.
Öffne deine Augen und nimm dir einen Moment lang Zeit, um die Entspannung und Ruhe überall in deinem Körper spüren zu können.
Bedanke dich für diese schöne Erfahrung und nimm dir vor, Entspannung auch im Alltag mit einzubauen.

Wiederhole diese innere Reise regelmäßig, um deine Ruhe und Gelassenheit zu stärken um dich immer wieder an diesen schönen Ort zu erinnern.

Der Flug zu deinem Mut-Stern

Hallo, ich freue mich, dass du da bist!
Heute machen wir eine besondere Reise, die uns
dabei hilft, ruhiger zu werden und mutiger zu sein.
Auf dieser Reise werden wir einen ganz besonderen
Stern finden, mit dem wir unsere kleinen und großen
Ängste besiegen können.

Setze oder lege dich gemütlich und bequem hin,
schließe deine Augen und höre mir dann aufmerksam
zu. Atme tief ein, - und langsam wieder aus.

Lass uns nun gemeinsam auf die Reise gehen.

Wir beginnen mit einem weiteren, tiefen Atemzug.
Atme noch einmal tief durch die Nase ein, - und
durch den Mund wieder aus.
Noch einmal: tief einatmen, - und - ausatmen.
Mit jedem einzelnen Atemzug wirst du mehr und
mehr ruhiger und fühlst dich immer wohler.

Stelle dir jetzt vor, dass du auf einer weichen Wolke
liegst. Die Wolke ist warm und kuschelig, sie trägt
dich sanft durch die Luft. Du fühlst dich ganz sicher
und geborgen, während du von ihr immer höher und
höher in den Himmel getragen wirst.

Während du auf deiner Wolke schwebst, entdeckst du
in der Ferne einen hellen Stern am Nachthimmel.
Dieser Stern leuchtet heller und stärker als alle
anderen Sterne, die du bisher gesehen hast.

Das ist nun dein Mut-Stern.
Er ist immer für sich da, wenn du ihn brauchst, um dich stark und mutig zu fühlen.
Langsam schwebst du auf den Mut-Stern zu. Je näher du ihm kommst, desto stärker fühlst du seinen warmen, beruhigenden Schein.

Der Mut-Stern flüstert dir zu: „Du bist stark, du bist mutig, du kannst alles schaffen."

Jetzt stelle dir vor, dass alle deine Sorgen oder Dinge, die dir vielleicht Angst machen wie kleine, dunkle Wolken, ein Stück weit über deinem Kopf schweben.

Der Mut-Stern strahlt jetzt noch etwas heller und sein warmes Licht beginnt sofort, die dunklen Wolken zu vertreiben. Die Wolken sind zwar noch in der Ferne zu sehen, aber sie können dich nicht mehr erreichen.

Jedes Mal, wenn du tief einatmest, wird das Licht des Mut-Sterns stärker, und jedes Mal, wenn du ausatmest, verschwindet wieder eine der kleinen Wolken.

Du fühlst, wie dein Herz immer leichter und leichter wird, und sich ein warmes Glücksgefühl in deinem ganzen Körper ausbreiten möchte.

Jetzt, wo alle dunklen Wolken verschwunden sind, kannst du tief in dich hineinhören.

Du spürst, dass du viel mehr Mut in dir trägst, als du bisher gedacht hast. Der Mut-Stern hat dir geholfen, ihn in deinem Inneren zu finden. Dieser Mut steckt in dir. Er ist wie ein kleiner Funke der immer dann hell leuchtet, wenn du ihn brauchst.

Vielleicht möchtest du dem Mut-Stern noch etwas sagen oder ihm für seine Hilfe danken?
Du hast dazu jetzt noch die Gelegenheit, bevor du anschließend wieder ins Hier und Jetzt zurückkehrst.

Schwebe nun langsam auf deiner Wolke zurück, bis du wieder in dem Raum angekommen bist, in dem du dich gerade befindest.

Du fühlst dich immer noch ganz ruhig, stark und mutig!

Nimm noch einen tiefen Atemzug und öffne dann, wenn du bereit bist, langsam wieder deine Augen.

Du kannst das Gefühl von Ruhe und Mut, dass du eben kennengelernt hast, immer bei dir tragen, egal wohin du gehst.

Gut gemacht! Du hast auf deiner Reise zum Mut-Stern etwas sehr Wichtiges gelernt: Du trägst den Mut um deine Ängste zu bewältigen, bereits in dir. Jedes Mal, wenn du dich in Zukunft unsicher fühlst, kannst du an deinen Mut-Stern denken, und sein Licht hell in dir leuchten lassen.

Timons Reise ans Klangschalenmeer

Es war einmal ein kleiner Junge namens Timon, der sich gerade nicht so gut fühlte. Er hatte Fieber und konnte nicht wie sonst draußen spielen. Seine Mama hatte eine besondere Überraschung für ihn denn sie wollte ihm helfen, sich wieder besser zu fühlen.

„Möchtest du eine Reise ans Meer machen, Timon?" fragte sie leise, während sie neben seinem Bett saß. Timon blinzelte müde. „Aber Mama, ich bin doch krank, wie soll ich da ans Meer reisen?"

Seine Mama lächelte und holte eine kleine Klangschale hervor. „Wir machen einfach zusammen eine Fantasiereise", sagte sie.

„Schließe deine Augen, höre den Klängen zu, und lasse uns dann gemeinsam ans Meer reisen."

Timon kuschelte sich gemütlich in seine Decke, nahm einen tiefen Atemzug und schloss die Augen. Mache es genauso wie Timon, und atme jetzt einige Male tief in deinen Bauch ein, - und wieder - aus.

Anschließend schlug seine Mama mit einem kleinen Filzklöppel sanft gegen die Klangschale und ein schöner, sanfter Ton erfüllte den ganzen Raum.

Der Klang fühlte sich warm und beruhigend an.

Er hüllte Timons Körper ein und er nahm ihn dann auf seine innere Reise mit.

„Stelle dir vor, wir stehen an einem wunderschönen Strand", begann seine Mama zu erzählen.

„Der Sand unter deinen Füßen ist ganz warm und weich. Du kannst ihn zwischen deinen Zehen spüren.

Hörst du jetzt das sanfte Rauschen der Wellen?"

Timon stellte sich den Strand vor, den warmen Sand, der seine Füße kitzelte, und das sanfte Geräusch der Wellen, die an den Strand gespült wurden.

Wieder erklang die Klangschale und der Ton erinnerte ihn an das tiefe, ruhige Summen des Meeres.
Es war fast so, als ob die Wellen ein Schlaflied für ihn singen wollten.

„Wir gehen nun langsam zum Wasser hin",
fuhr seine Mama fort.

„Das Wasser ist ganz klar und schimmert in den Farben des Himmels - Blau, Grün und ein bisschen Silber.

Kannst du die kleinen Fische sehen, die um deine Füße schwimmen, während das Wasser sanft gegen deine Knöchel plätschert?"

Timon konnte die kühle Brise auf seiner Haut spüren und das Salz des Meeres in der Luft riechen.
Es fühlte sich alles so echt an, dass er fast vergessen hatte, dass er krank war.

Wieder erklang die Klangschale und der Ton führte ihn noch tiefer in seine Traumwelt, in der das Meer ihn sanft umspülte und gleichzeitig beruhigte.

„Weiter hinten am Strand," flüsterte seine Mama, „entdecken wir nun zwischen zwei Palmen eine Hängematte. Wir setzen uns hinein und die Hängematte schaukelt uns ganz sanft hin und her, wie die Wellen, die immer wieder an den Strand gespült werden."

Die Klangschale ertönte erneut, diesmal mit einem leicht schwingenden Klang, der fast wie das Schaukeln der Hängematte klang.

Timon fühlte sich so entspannt, dass er kaum noch mitbekam, was ihm seine Mama alles erzählte.

„Die Sonne geht langsam unter und der Himmel färbt sich rosa und orange. Bald schon beginnen die Sterne am Himmel zu funkeln und wir hören das leise Zirpen der Grillen, das mit dem Klang der Wellen und der Klangschale verschmilzt."

Mit jeder sanften Schwingung der Klangschale und jedem beruhigenden Wort seiner Mama fühlte sich Timon immer müder und müder.

Er stellte sich vor, wie die Sterne über dem Meer glitzerten und ihm zuflüsterten, dass bald wieder alles gut werden würde.

„Jetzt legst du dich in den weichen Sand, der immer noch warm von der Sonne ist", sprach seine Mama leise. „Der Sand formt sich wie ein gemütliches Bett um dich herum, und das leise Rauschen der Wellen und die sanften Töne der Klangschale wiegen dich gleich in einen tiefen und erholsamen Schlaf."

Timon fühlte sich sicher und geborgen, fast, als ob das Meer selbst ihn in den Schlaf wiegte.
Der Klang der Schale wurde immer leiser, und die letzten Töne schwebten wie ein sanfter Windhauch durch den Raum.

„Schlaf gut, mein Schatz", flüsterte seine Mama, „träume von unserem wunderschönen Meer, dem warmen Sand und den friedlichen Wellen. Morgen wirst du dich schon viel besser fühlen."

Und so glitt Timon langsam in einen tiefen Schlaf. Er träumte von dem beruhigenden Ausflug ans Meer und auch von den glänzenden Klangschalen.
Timon wusste bereits tief in seinem Inneren, dass er schon bald wieder ganz gesund sein würde.

Öffne nun langsam deine Augen und komme mit deinen Gedanken nun wieder unseren Raum zurück. Wenn du dich das nächste Mal nicht so gut fühlst, kannst du dich gerne an Timons Geschichte erinnern.

Fantasiereise mit Bewegung für (hyper)aktive Kinder

Hallo! Heute machen wir eine ganz besondere Reise - eine Fantasiereise, bei der wir uns auch ein bisschen bewegen wollen. Macht euch locker und bleibt jetzt gleich stehen, damit ihr gut mitmachen könnt.

Lasst uns gemeinsam auf eine spannende Reise gehen. Bereit? Dann lasst uns nun anfangen!

Stelle dir vor, du stehst in einem schönen Wald. Überall um dich herum sind hohe, grüne Bäume, und du kannst das sanfte Rauschen der Blätter und Tannennadeln hören.

Atme jetzt tief ein, - und wieder aus. Riechst du die frische Waldluft?

Jetzt strecke dich ganz hoch nach oben, als ob du die Baumwipfel mit deinen Fingerspitzen berühren möchtest.

Streck dich noch ein bisschen höher… und lasse dann die Arme wieder langsam sinken.

Jetzt beginnen wir, ein Stück durch den Wald zu gehen. Hebe deine Füße dazu etwas hoch, als ob du über kleine Äste steigen würdest.

Gehe ganz langsam und vorsichtig, Schritt für Schritt.
Vielleicht kannst du auch mal ganz leise laufen, damit
du die Tiere im Wald nicht erschreckst?

Stelle dir jetzt vor, dass du nun an einem kleinen Bach
vorbeikommst. Beuge dich ein Stückchen nach unten
und tu so, als ob du das klare Wasser berühren
möchtest.

Während du anschließend weitergehst siehst du
plötzlich viele kleine Tiere, die alle im Wald leben.

Da ist ein Hase!
Hüpf doch auch mal wie ein Hase und mache ein paar
kleine Sprünge auf der Stelle.

Dort drüben sitzt ein Eichhörnchen,
dass seinen buschigen Schwanz schüttelt.
Stelle dich erst auf deine Zehenspitzen und schüttle
dich anschließend auch mal ein bisschen.

Siehst du den Vogel dort oben im Baum?
Streck deine Arme zur Seite aus und flattere mit
ihnen, als ob du auch Flügel hättest.

Jetzt erreichst du eine sonnige Lichtung mitten
im Wald. In der Lichtung steht ein großer, uralter

Baum, und du spürst, dass dies ein besonderer Ort ist.

Setze dich jetzt langsam auf den Boden und mache es dir dort bequem. Atme dann noch einige Male tief ein, - und wieder aus.

Nun kannst du auch mal so tun, als ob du selbst eine Klangschale anschlägst. Hebe dazu deine Hände, forme lockere Fäuste und mache mit jeder Hand abwechselnd Bewegungen, wie wenn du mit einem Stab vorsichtig gegen die Schale schlägst.

Höre den ruhigen, vibrierenden Klang, der sich dabei um dich herum ausbreitet.

Die Töne der Klangschalen füllen die Lichtung und du spürst, wie sie dich dazu einladen wollen, dich wieder mehr zu bewegen.

Stehe jetzt auf und beginne damit, dich ganz langsam im Kreis zu drehen. Stelle dir dabei vor, dass die Klänge deinen Körper in diese langsame Bewegung versetzen.

Du kannst nun auch die Arme leicht nach oben ausstrecken und dich wie die Bäume im Wind wiegen.

Bewege dich ganz langsam und spüre, wie die Klänge nun durch deinen ganzen Körper fließen.

Nachdem du dich jetzt eine Weile lang bewegt hast merkst du, dass es wieder Zeit wird, zur Lichtung zurückzukehren um dich für heute von dem Wald und den Klangschalen zu verabschieden.

Mache dich jetzt bereit für den Rückweg.
Gehe dazu wieder durch den Wald zurück, diesmal ganz langsam und ruhig.

Hebe jetzt deine Knie hoch, mache große Schritte und spüre, wie sich der Boden unter deinen Füßen anfühlt.

Vielleicht möchtest du auch ein letztes Mal wie ein Tier hüpfen oder nochmal auf deinen Zehenspitzen balancieren, bevor du den Wald verlässt?

Nun hast du den Wald verlassen und bist wieder hier im Raum angekommen. Bleibe ruhig stehen und atme noch einmal tief ein, - und wieder aus.

Stelle dir vor, dass du die ruhigen Töne der Klangschalen immer noch in dir spürst!
Wenn du möchtest, kannst du jetzt deine Hände fest aneinander reiben, um etwas Wärme zu erzeugen.
Diese warmen Hände kannst du dir dann noch auf deinen Bauch auflegen.

Willkommen zurück!
Ich hoffe, du bist jetzt ganz ruhig und entspannt und bleibst das für den Rest des Tages.

Das Abenteuer auf dem Bauernhof

Heute will ich dir die Geschichte von Lisa erzählen, die in den Ferien ihre Oma und ihren Opa besucht.

Suche dir einen Platz zum Liegen aus, mache es dir bequem und lege dir dann deine Hände auf deinen Bauch auf.

Spüre, wie sich beim Einatmen der Bauch leicht anhebt, und wie er dann beim ausatmen wieder kleiner wird und leicht nach innen geht.

Endlich waren die Sommerferien da.
Lisa konnte es kaum erwarten, zu ihrer Oma und ihrem Opa aufs Land zu fahren. Jedes Jahr verbrachte sie ein paar Wochen auf dem Bauernhof und es war immer ein ganz besonders schönes Erlebnis für sie.

Nun saß Lisa im Auto, das sich durch die Landschaft schlängelte. Draußen schien die Sonne und am Himmel waren nur ein paar kleine weiße, flauschige Wolken zu sehen.

Nach einer Weile kam endlich der ersehnte Bauernhof ihrer Großeltern in Sicht. Das weiße Bauernhaus mit den grünen Fensterläden, die große Wiese und die bunten Blumenbeete ließen Lisas Herz vor Freude schneller schlagen.

Oma und Opa standen schon vor dem Haus und winkten ihr freudig zu.

Lisa sprang aus dem Auto und rannte auf sie zu.

„Willkommen meine Kleine", sagte Opa und hob sie hoch in die Luft. „Bist du bereit für ein Abenteuer?"

Lisa nickte eifrig. Sie wusste, dass ihr Opa immer die besten Ideen hatte.

„Heute habe ich eine ganz besondere Aufgabe für dich", sagte Opa geheimnisvoll. „Es gibt ein kleines Kälbchen, das wir finden müssen. Es ist neugierig und abenteuerlustig, genau wie du, und es hat sich heute Morgen irgendwo auf der großen Weide versteckt."

Lisa war ganz aufgeregt. Ein kleines Kälbchen, das sich irgendwo versteckt hatte! Das klang nach einem richtig spannenden Abenteuer.

Gemeinsam mit Opa und seinem Hund Senta machte sich Lisa auf den Weg zur großen Weide. Der Wind spielte mit ihrem Haar und sie konnte die Vögel zwitschern hören. Es roch nach frischem Gras und Lisa fühlte sich glücklich und frei.

Auf der Weide angekommen begann die Suche nach dem kleinen Kälbchen. Lisa schaute sich um und versuchte, es irgendwo zu entdecken.

Sie suchte mit Opa bei den Apfelbäumen, hinter den hohen Büschen, und sogar in dem kleinen

Maisfeld am Rand des Hofes.

Senta schnüffelte aufgeregt überall am Boden herum und lief immer zwischen Opa und Lisa hin und her.

Nach einer Weile hörte Lisa ein leises, zartes Muhen. Sie lauschte aufmerksam. Da war es wieder!

Lisa folgte dem Geräusch und entdeckte schließlich das kleine Kälbchen. Es stand hinter einem Heuhaufen und schaute sie mit seinen großen, neugierigen Augen erwartungsvoll an.

„Da bist du ja!" rief Lisa freudig.
Das kleine Kälbchen schaute sie verwundert an und kam dann vorsichtig näher.

Lisa streckte ihre Hand aus, das Kälbchen stupste sanft mit seiner weichen Nase dagegen, und leckte sie dann mit seiner rauen Zunge ab.

Opa kam ebenfalls näher und freute sich.
„Gut gemacht, Lisa! Jetzt können wir das Kälbchen wieder zurück zu seiner Herde bringen."

Opa und Lisa führten das kleine Kälbchen langsam zur Weide zurück, wo es von den anderen Kühen freudig begrüßt wurde.

Am Abend, als die Sonne unterging und den Himmel in warme Farben tauchte saßen der Hund Senta,

Oma, Opa und Lisa gemeinsam auf der Veranda und schauten hinaus auf die Wiese.

Lisa fühlte sich entspannt und glücklich. Sie war sehr stolz, dass sie das Kälbchen gefunden hatte.

„Weißt du Lisa,", sagte Oma schmunzelnd, „das Leben auf dem Bauernhof ist fast wie ein großes Abenteuer. Man weiß nie, was einen erwartet, aber es gibt immer irgendwo etwas Neues zu entdecken."

Lisa lächelte und kuschelte sich in Omas weiche Decke. Die Sterne funkelten am Nachthimmel und der Mond warf sein sanftes Licht über den kleinen Bauernhof.

Lisa schloss die Augen und stellte sich all die Abenteuer vor, die sie in den kommenden Wochen noch erleben würde.

Mit dem Gefühl der Geborgenheit und einem großen Glücksgefühl im Herzen, schlief sie schon bald darauf ein.

Komme nun langsam aus der Welt von Lisa wieder in deine eigene Welt, ins Hier und Jetzt, zurück.

Nimm dazu einen tiefen Atemzug.

Dann gähne, recke und strecke dich und fühle die tiefe Entspannung und Ruhe in dir.

Duftreise mit Stupsi, dem Igel

Hallo und herzlich willkommen zu einer neuen
Fantasiereise!

*Jetzt können Sie dem Kind ein Wattepad reichen, dass Sie
davor mit einigen Tropfen eines ätherischen Duftöls (z.B.
Jasmin, Rose, Heublume…) beduftet haben.
Das Kind kann daran riechen und sich dieses Pad dann auf
den Oberkörper auflegen.*

Setze oder lege dich so hin, wie du dich heute am
wohlsten fühlst, schließe deine Augen und atme dann
einige Male den Duft tief ein,- und wieder aus.

Heute begeben wir uns auf eine Reise in den großen
Stadtpark, wo ein kleiner Igel namens Stupsi lebt.
Stupsi hat noch weiche, braune Stacheln und eine
kleine schwarze Nase die ständig schnuppert, weil er
so neugierig ist.

Stelle dir vor, du bist jetzt auch mit Stupsi in dem
wunderschönen Park. Die Sonne scheint und überall
riecht es nach Blumen, frisch gemähtem Gras und
süßen Beeren.

In diesem Park lebt Stupsi zusammen mit seiner
Mama in einer kleinen Höhle unter einer alten Eiche.
Die Höhle ist warm und mit vielen weichen Blättern
ausgepolstert, sodass es dort immer ganz kuschelig
und gemütlich ist.

Heute ist ein ganz besonderer Tag, denn Stupsi wird zusammen mit seiner Mama zum ersten Mal auf eine längere Entdeckungsreise durch den Stadtpark gehen.

Mama Igel kennt jeden Winkel des Parks und hat Stupsi schon viele spannende Geschichten darüber erzählt. Sie ist klug und liebevoll und Stupsi liebt es, viel Zeit mit ihr zu verbringen.

Stupsi und seine Mama machen sich auf den Weg. Du kannst dir vorstellen, dass du nun neben ihnen hergehst.

Die beiden schnüffeln hier und da, Stupsi mit seiner kleinen Nase und Mama Igel mit ihrer großen Nase. Gemeinsam finden sie köstliche Beeren und sammeln leckere Pilze, die sie sich gleich schmecken lassen.

Nach einer Weile kommen sie zu einer kleinen Lichtung. Auf dieser Lichtung wachsen die schönsten Blumen, die du dir nur vorstellen kannst.

Sie haben alle Farben des Regenbogens und duften ganz herrlich. Kannst du sie auch riechen?

In der Mitte der Lichtung steht ein großer, alter Baum mit einem dicken Stamm. Mama Igel erzählt Stupsi, dass dieser Baum schon seit vielen, vielen Jahren hier wächst und er unzählige Geheimnisse kennt.

Mama Igel und Stupsi legen sich unter den Baum, und Mama beginnt zu erzählen…

Sie sagt, dass die Bäume in diesem Park ganz viele Geschichten erzählen können, wenn man ihnen nur gut zuhört.

Stupsi lauscht gespannt und du kannst dir vorstellen, wie auch du die Stimmen der Bäume hörst, die leise im Wind flüstern.

Sie erzählen von alten Zeiten, von Tieren, die hier gelebt haben, und von verzauberten Nächten, in denen die Sterne besonders hell geleuchtet haben.

Kannst du ihre Geschichten auch hören?

Nach einer Weile steht die Sonne bereits tief am Himmel und es wird für Stupsi und seine Mama Zeit, wieder nach Hause zurück zu laufen.

Also machen sich die beiden auf den Rückweg.
Sie gehen gemeinsam durch den Park und ihre kleinen Herzen sind voller Freude über den wunderschönen Tag.

Stupsi weiß, dass er die Geschichten der Bäume ab heute nun immer in seinem Inneren tragen wird.

Jetzt stelle dir vor, wie Stupsi und seine Mama langsam wieder in ihre gemütliche Höhle zurückkehren und es sich dort bequem machen.

Sie kuscheln sich in ihrem weichen Bett aus Blättern
ganz eng zusammen und schlafen bald ein,
während draußen der Mond am Himmel steht und
über den ganzen Stadtpark wacht.

Atme nun noch einige Male den Duft des Parks tief in
dich ein, - und wieder aus.

Wenn du dann soweit bist, kannst du deine Augen
wieder öffnen.

Willkommen zurück!
Ich hoffe, diese Geschichte hat dir gefallen?

Du warst heute zusammen mit Stupsi und seiner
Mama auf einer wunderbaren Entdeckungsreise.

Vielleicht magst du mir nun auch deine eigene
Geschichte erzählen, die du im Park gerade erlebt
hast?

Ich bin schon sehr darauf gespannt!

Vincent und seine Mama Bettina besuchen den Zoo

Ich werde dir nun gleich die spannende Geschichte von Vincent erzählen.
Suche dir eine bequeme Position aus, nimm einige tiefe Atemzüge die dich entspannen, bevor ich dann mit dem erzählen beginne.

Es war ein wunderschöner, sonniger Tag als der vierjährige Vincent mit seiner Mutter Bettina den Zoo besuchte.

Vincent liebte Tiere über alles. Er konnte es kaum erwarten, all seine Lieblingstiere dort wiederzusehen. Hauptsächlich die Elefanten und die lustigen Pinguine fand er immer besonders interessant.

Als sie den Zoo betraten hörte Vincent plötzlich einen sanften, beruhigenden Klang. Er blieb stehen und lauschte. „Was ist das, Mama?" fragte er neugierig.

Seine Mutter Bettina lächelte und zeigte auf einen kleinen Pavillon in der Nähe des Seelöwenbeckens. „Komm, Vincent, wir gehen hin und schauen es uns an."

Im Pavillon saß eine freundliche Frau auf einer weichen Kuscheldecke. Vor ihr lagen mehrere glänzende Schalen aus Metall in verschiedenen Größen, die um sie herum angeordnet waren.

Die Frau lächelte Vincent und seiner Mutter zu und lud sie ein, sich zu ihr zu setzen.

„Das sind Klangschalen", erklärte die Frau mit sanfter Stimme. „Sie machen wunderschöne Töne, die den Körper und den Geist beruhigen."

Vincent war fasziniert. Er beobachtete, wie die Frau mit einem kleinen Filzklöppel sanft an eine der Schalen schlug.

Ein tiefer, melodischer Ton erfüllte die ganze Luft und Vincent spürte, wie sich sofort eine wohltuende Ruhe in seinem ganzen Körper ausbreitete.
Es war, als ob die Zeit für einen Moment stillstand und alles um ihn herum in Frieden gehüllt war.

„Möchtest du es auch mal probieren?" fragte die Frau und reichte Vincent den Klöppel.

Vincents Augen leuchteten auf. Er nahm den Stab mit dem Filzkopf und schlug damit ganz vorsichtig an eine der kleineren Schalen.

Der Klang der entstand, war klar und hell und vibrierte in der Luft, fast, als ob sie tanzen würde. Vincent lachte vor Freude.

„Das hast du sehr gut gemacht, Vincent", lobte die Frau. „Diese Töne helfen uns, dass wir uns entspannen können und ganz ruhig werden."

Nach einer Weile dankte Vincents Mutter Bettina der freundlichen Frau und sie gingen weiter durch den Zoo.

Doch etwas hatte sich verändert. Die Welt um Vincent herum fühlte sich nun viel ruhiger und friedlicher an. Es war, als ob die Klänge der Schalen ihn immer noch ein Stück begleiten würden.

Als sie schließlich bei den Elefanten ankamen, setzte sich Vincent auf eine Bank und schloss für einen Moment die Augen. Er stellte sich vor, wie die Elefanten sich zu den beruhigenden Klängen der Schalen hin und her wiegen.

In seiner Fantasie waren sie nicht nur große, mächtige Tiere, sondern auch sanfte Riesen, die Musik genauso liebten wie er.

Der Tag im Zoo verging wie im Flug, und als sie am Abend nach Hause gingen, fühlte sich Vincent ganz wunderbar entspannt. Die Erinnerungen an die Tiere und die Klangschalen begleiteten ihn sogar noch bis in seine Träume, in dem Elefanten, Pinguine und die Klangschalen in einem friedlichen Tanz vereint waren.

Beende nun deine Entspannung, in dem du einen tiefen Atemzug nimmst und deine Augen dann langsam wieder öffnest. Bewege, dehne, recke und strecke dich. Willkommen zurück!

Die Reise ins Land der Pharaonen

Hallo, heute machen wir eine ganz besondere Entspannungsreise. Setze dich bequem hin, schließe deine Augen, und atme einige Mal tief ein, - und wieder aus.

Stelle dir jetzt vor, du bist mit deinen Eltern auf dem Weg zu einem großen Abenteuer - eine Reise nach Ägypten, ins Land der Pharaonen.
Bist du bereit? Dann lass uns losfliegen!

Du stehst nun mit deinen Eltern am Flughafen. Überall sind Menschen, die aufgeregt auf ihren Flug warten.

Du hörst das leise Brummen der Flugzeuge, die draußen bereits starten und landen. Vor Aufregung kribbelt es in deinem Bauch, denn gleich geht es los!

Das Flugzeug steht schon auf dem Rollfeld und glänzt in der Sonne. Gemeinsam geht ihr nun zum Flugzeug, das euch nach Ägypten bringen wird.

Jetzt steigst du ins Flugzeug ein und suchst dir deinen Platz. Setze dich gemütlich hin, schnalle dich an, und fühle, wie dich der weiche Sitz umhüllt.

Du schaust aus dem Fenster und siehst die Startbahn, die sich vor dir erstreckt.
Atme noch einmal tief ein, -und wieder aus.

Das Flugzeug beginnt zu rollen, wird schneller und schneller, bis es schließlich abhebt und in den Himmel steigt.

Spürst du, wie es leicht in dir kitzelt, wenn das Flugzeug abhebt und nach oben in die Luft schwebt?

Als du über den Wolken angekommen bist, fühlst du dich leicht und frei.

Schaue aus dem Fenster und sehe dir jetzt die weißen Wolken von oben an, die fast wie weiche, flauschige Kissen aussehen. Der Himmel ist strahlend blau und die Sonne scheint dir warm in dein Gesicht.

Es ist so ruhig hier oben.
Atme wieder tief ein, - und aus.
Du hörst das sanfte, beruhigende Brummen der Flugzeugmotoren, das dich schon bald in eine tiefe Entspannung bringt.

Nach einer Weile spürst du, wie das Flugzeug langsam sinkt. Schaue wieder aus dem Fenster: unter dir siehst du bereits das Land Ägypten, mit seinen gelben Sandwüsten und dem glitzernden Fluss Nil, der sich durch das ganze Land schlängelt.

Das Flugzeug landet sanft auf dem Boden und du fühlst dich bereit, das Land der Pharaonen zu erkunden.

Du steigst mit deinen Eltern aus dem Flugzeug aus und spürst sofort die warme Sonne auf deiner Haut.

Gemeinsam fahrt ihr zu den großen Pyramiden, die nahe der Stadt Kairo, majestätisch inmitten der Wüste stehen.

Stelle dir vor, du stehst jetzt vor einer der riesigen Pyramiden, die fast bis in den Himmel hinauf ragen.

Du kannst den feinen Sand unter deinen Füßen spüren und den warmen Wind fühlen,
der durch dein Haar weht.

Atme tief ein, - und wieder aus.

Es ist fast so, als ob die Pyramiden dir Geschichten aus längst vergangenen Zeiten zuflüstern wollen.

Stelle dir nun vor, dass du eine Reise in die Vergangenheit machst. Du bist ein kleiner Forscher, der gerade das Geheimnis der Pyramiden entdeckt.

Du siehst die alten Pharaonen in ihren prächtigen Gewändern und die goldenen Schätze, die tief im inneren der Pyramiden verborgen sind.

Alles fühlt sich so magisch an! Fast, als ob du Teil einer spannenden Geschichte wärst. Lasse diesen Moment ruhig noch ein paar Minuten auf dich wirken.

Nach deinem Abenteuer spürst du, dass die Zeit gekommen ist, um wieder nach Hause zurückzukehren.

Du steigst mit deinen Eltern erneut in das Flugzeug, das euch diesmal sicher nach Hause zurückbringt.

Während das Flugzeug in den Himmel aufsteigt schließt du deine Augen und lässt die wunderschönen Bilder von Ägypten nochmals in deinem Kopf nachklingen.

Die Pyramiden, die Wüste, der Nil, all das bleibt in deinem Herzen verankert, wie ein unsichtbarer Schatz, den du aus Ägypten mitgenommen hast.

Jetzt stelle dir vor, dass das Flugzeug wieder landet und du zurück nach Hause gehst.
Du fühlst dich sehr sicher und bist vollkommen entspannt.

Atme noch einmal tief ein, - und aus.

Wenn du soweit bist, öffne bitte ganz langsam deine Augen und beginne damit, dich ein wenig zu räkeln.

Du hast gerade eine wunderbare Reise ins Land der Pharaonen gemacht und vielleicht träumst du auch heute Nacht noch von all den Abenteuern, die du dort erlebt hast?

Eine Zeitreise ins Mittelalter

Hallo, liebe Abenteurer! Heute machen wir eine
spannende Zeitreise. Aber keine Sorge, du musst
dafür nicht einmal aus deinem Zimmer gehen.
Alles, was du brauchst, ist deine Fantasie!

Setze dich bequem hin, schließe deine Augen, und
atme einige Male tief ein, - und wieder aus.
Ein, - und wieder aus.

Bist du nun bereit, das Abenteuer zu beginnen?
Dann lass uns doch gemeinsam loslegen!

Stelle dir vor, du hältst einen magischen Schlüssel in
deiner Hand. Dieser Schlüssel kann dich an jeden Ort
und in jede Zeit bringen.

Du stehst vor einer großen, alten Türe. Sie ist mit
geheimnisvollen Mustern verziert und glitzert im
Licht. In der Mitte der Tür ist ein Schlüsselloch, das
genau zu deinem magischen Schlüssel passt,
den du in deinen Händen hältst.

Langsam steckst du den Schlüssel in das Schloss und
drehst ihn vorsichtig nach rechts.

Du hörst ein leises Klicken und die Türe öffnet sich.
Dahinter wartet bereits eine Zeitmaschine auf dich.

Die Zeitmaschine sieht aus wie eine große Kugel aus
Glas, in der viele bunte Lichter blinken.

Du steigst vorsichtig hinein und setzt dich auf den weichen, bequemen Fahrersitz.

Vor dir sind viele leuchtende Knöpfe und Hebel.
Du drückst jetzt einfach auf einen Knopf,
der mit „Mittelalter" beschriftet ist.

Plötzlich beginnt die Zeitmaschine zu summen und zu rattern und du fühlst dich, als ob du schwebst.

Während sich die Zeitmaschine mit dir durch die Zeit bewegt hörst du das leise, beruhigende Klingen einer Klangschale. Ihr Ton schwingt in der Luft und lässt dich ganz ruhig und entspannt werden.

Du kannst sehen, wie viele bunte Lichter und Kreise um dich herumwirbeln, und ganz allmählich bemerkst du, dass die Zeitmaschine wieder langsamer wird.

Das Klingen der Klangschale wird leiser, und du spürst, wie die Maschine zur Landung ansetzt.

Als die Zeitmaschine stillsteht, öffnet sich die Tür, und du trittst hinaus.
Du bist doch tatsächlich im Mittelalter gelandet!

Vor dir erstreckt sich eine riesige Burg mit hohen Türmen und festen Mauern.
Überall sind Menschen in mittelalterlicher Kleidung.
Ritter in glänzenden Rüstungen - und Damen in langen Kleidern.
Einige Kinder spielen fröhlich auf dem Burghof.

Du gehst langsam über den großen Platz und fühlst den festen Boden unter deinen Füßen.

Die Luft riecht nach frischem Brot und Kräutern.

Du hörst das entfernte Klirren von Schwertern und das Hufgetrappel der Pferde. Es fühlt sich an, als ob du wirklich in eine andere Zeit gereist bist.

Während du weitergehst entdeckst du eine Gruppe von Rittern, die sich auf ein großes Turnier vorbereiten. Ihre Rüstungen glänzen in der Sonne und sie tragen bunte Wappen auf ihren Schilden.

Einer der Ritter bemerkt dich und winkt dir freundlich zu. Er lädt dich ein, dir das Turnier aus der Nähe zu betrachten.

Stelle dir genau vor, wie du jetzt neben den Rittern stehst, die auf ihren starken Pferden sitzen. Vielleicht kannst du sogar das kalte Metall ihrer Rüstungen fühlen, wenn du sie vorsichtig berührst?

Bevor das Turnier beginnt versammeln sich die Ritter um eine riesige Klangschale, die in der Mitte des Hofes steht. Sie erklären dir, dass die Klangschale sie vor dem anstrengenden Turnier beruhigt und ihnen auch die nötige Ruhe und Kraft gibt.

Einer der Ritter schlägt jetzt die Klangschale an, und ein tiefer, kraftvoller Ton erfüllt die ganze Burganlage.

Du spürst wie der Klang auch durch deinen Körper vibriert und dich stark und mutig fühlen lässt - fast so, als wärst du selbst einer der edlen Ritter.

Nachdem du dem Turnier zugesehen, und dabei alle Ritter kennengelernt hast, spürst du, dass es wieder Zeit wird, in die Gegenwart zurückzukehren.

Du gehst langsam zurück zur Zeitmaschine.
Die Tür öffnet sich, und du steigst wieder hinein.
Du setzt dich auf den weichen Sitz und drückst den Knopf, der dich zurück nach Hause bringt.

Wieder beginnt die Zeitmaschine zu summen und du hörst noch immer das beruhigende Klingen der Klangschale tief in dir.
Die Farben um dich herum beginnen zu leuchten und zu blinken, und nach einiger Zeit kommt die Zeitmaschine erneut ganz langsam zum Stillstand.

Du bist wieder ganz sicher und entspannt zu Hause angekommen! Atme noch einmal tief ein, - und aus.

Vielleicht kannst du noch immer die Klänge der Klangschale in dir spüren?
Mit den schönen Erinnerungen an das Abenteuer im Mittelalter öffnest du wieder deine Augen.

Willkommen zurück, kleiner Ritter!
Du hast eine wunderbare Zeitreise gemacht und fühlst dich ganz ausgeruht und kannst von neuen Abenteuern träumen. Danke fürs Mitmachen!

Schlusswort

Ich hoffe Sie nutzen das Buch, um Kinder viele Jahre lang damit entspannt durchs Leben zu begleiten. Vielleicht interessieren Sie sich auch für eines meiner weiteren Bücher: *„Klangschalenmassage leicht gemacht"*, *„Meditationen mit Klangschalen leicht gemacht"*, *„Neue Meditationen mit Klangschalen leicht gemacht"* und *„Heilsame Meditationen mit Klangschalen leicht gemacht"*?
Für alle Tierbesitzer ist vielleicht auch das Buch: *„Klangschalen für Tiere leicht gemacht: Die Anwendung an Haus- und Nutztieren"* besonders wertvoll.

Ich würde ich mich auch sehr freuen, Sie in einer meiner Fernausbildungen: *"Klangmassage, Meditation und Entspannung mit Klangschalen"* oder der Ausbildung zum *„Bachblüten-Berater"* begrüßen zu dürfen. Alle weiteren Informationen dazu finden Sie im Internet auf meiner Homepage: www.bluetenberatung.de

Falls Sie noch Fragen zu geeigneten Klangschalen haben oder auf der Suche nach einer oder mehrerer, hochwertigen Klangschalen sind, können Sie mich auch unverbindlich kontaktieren. Gerne sende ich Ihnen dann weitere Informationen oder kurze Videos mit Tonbeispielen per WhatsApp zu.

Besitzen Sie ein Smartphone? Über diese QR-Codes können Sie mit mir in Kontakt treten oder sich noch weitere Informationen abrufen:

Homepage Bachblüten und Klangschalen

WhatsApp